Mirja Dahlmann

Die althochdeutschen Zaubersprüche

zwischen Heidentum und Christentum

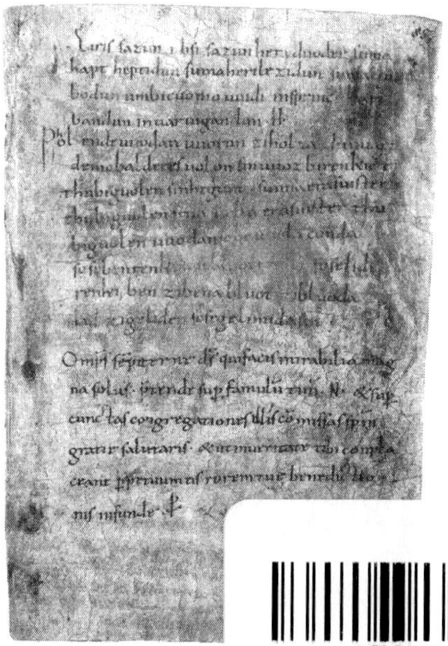

Edition Roter Drache

3. Auflage Dezember 2024

Edition Roter Drache – Holger Kliemannel, Am Hügel 7, 59872 Meschede
edition@roterdrache.org; www.roterdrache.org
Umschlag- und Buchgestaltung: Edition Roter Drache
Lektorat: Carsten A. Dahlmann

Autorenfoto S. 178: Sylvia Biskupek
Gesamtherstellung: Partner Poligrafia, Polen

ISBN 978-3-946425-24-3

Schläft ein Lied in allen Dingen,
Die da träumen fort und fort,
Und die Welt hebt an zu singen,
Triffst du nur das Zauberwort.

– Joseph von Eichendorff –

Inhaltsverzeichnis

Vorwort

Magie und Zaubersprüche beschäftigen die Menschen schon seit Jahrtausenden. Die Anwender der magischen Formeln – seien es die alten Römer oder die Bauern des 19. Jahrhunderts – versuchten, das mitunter unberechenbare Schicksal zu ihren Gunsten zu beeinflussen. Auch heute beweist die Flut der esoterischen Literatur, dass die Magie aus dem Leben der Menschen nicht verschwunden ist.

Dieses Thema, das ich im Jahre 2011 als Magisterarbeit bei der Bergischen Universität Wuppertal eingereicht habe, beschäftigt sich eingehend mit den Eigenarten der althochdeutschen Zaubersprüche – einer Textsorte, die im Übergang zwischen germanischem Heidentum und dem sich etablierenden Christentum anzusiedeln ist. Es war mir eine große Freude, mich eingehend mit dieser speziellen Art der Lyrik, aber auch mit der Christianisierung der Germanen zu befassen.

Ein besonderer Dank gilt Prof. Dr. Elisabeth Stein, die mir während meines Studiums eine große Inspiration war. Danken möchte ich auch meinem Ehemann und persönlichem Lektor Carsten A. Dahlmann, der orthographischen Fehlern mit äußerster Genauigkeit nachspürte und dem meine chaotische Natur schon ein paar graue Haare beschert hat. Großer Dank gebührt schließlich auch Holger Kliemannel für die Gelegenheit, dieses Buch veröffentlichen zu können. Meinen Lesern wünsche ich viel Freude bei der Lektüre.

Mirja Dahlmann, Wuppertal im Februar 2017

1 Einleitung

Schläft ein Lied in allen Dingen,
Die da träumen fort und fort,
Und die Welt hebt an zu singen,
Triffst du nur das Zauberwort.[1]

Trifft man das Zauberwort, so beginnt die Welt zu singen. Eichendorff bezieht sich in seinem Gedicht zwar nicht explizit auf Zaubersprüche, aber es ist auch für den Zaubernden wichtig, das richtige Wort zu treffen, damit sich ihm die Welt eröffnet.

Magie und Zaubersprüche haben die Menschen durch die Jahrhunderte hindurch fasziniert. Auch Literatur und Film wären ohne die Magie um eine Facette ärmer. Bis in die heutige Zeit versuchen Menschen, mit Hilfe von Zaubersprüchen ihre Umwelt zu beeinflussen. Besonders auf die Aspekte des Lebens wie Liebe und Krankheit, die wenig berechenbar sind, wollte und will man Einfluss nehmen.[2]

Die ältesten, uns in deutscher Sprache überlieferten Zaubersprüche sind jene aus dem Frühmittelalter. Dieses Buch hat sich das Ziel gesetzt, diese in Althochdeutsch verfassten Zaubersprüche zu untersuchen. Zu diesem Zweck muss zunächst der Begriff der Magie

---

[1] Joseph von Eichendorff: *Werke*. Hg. v. Wolfgang Frühwald. 6 Bde. Bd. 1. Frankfurt am Main 1987, S. 328.

[2] Bronislaw Malinowski: *Magie, Wissenschaft und Religion*. Frankfurt am Main 1973, S. 121.

und der magischen Denkmuster genauer erklärt werden. Magie unterliegt ihren eigenen Gesetzen und die magischen Gesetze folgen – auch wenn sie nicht den kausalen Gesetzen entsprechen – bestimmten Regeln.

Die althochdeutschen Zaubersprüche sind in vielerlei Hinsicht ein interessantes Forschungsfeld. Sie sind eine Textsorte des Frühmittelalters, an der man den Übergang von germanischem Heidentum zu einer christlich geprägten Gesellschaft erkennen kann. In dieser Arbeit werden althochdeutsche Zauber- und Segenssprüche im Hinblick auf ihre Form und ihren Inhalt untersucht. Es soll die Frage beantwortet werden, ob althochdeutsche Zaubersprüche heidnisch, christlich oder synkretistische Mischformen sind.

Des Weiteren soll die Haltung der Kirche zu Zauber- und Segenssprüchen ergründet werden. Da es auch Zaubersprüche gibt, die eher zu Segen und Gebeten tendieren, wird es sicherlich erwünschte oder geduldete Formen gegeben haben.

Die Hauptquelle dieser Arbeit ist der zweite Spruch der *Merseburger Zaubersprüche*. Er hebt sich in Form und Inhalt von den anderen überlieferten althochdeutschen Sprüchen ab. In ihm wirken heidnische Götter, während in anderen Sprüchen christliche Personen handeln. Wichtig sind auch die Deutungen des Spruchs. Bei diesen ist sich die Forschung bis heute uneins.

Eindeutig ist aber, dass der zweite Merseburger Spruch ein wichtiger Textzeuge der heidnischen Magie ist.

2 Zur Quellenlage

Die zitierten althochdeutschen Zaubersprüche finden sich in folgenden Editionen: *Althochdeutsches Lesebuch*[3] und *Die kleineren althochdeutschen Sprachdenkmäler*[4]. Zur Beschreibung und Interpretation der allgemeinen Haltung der frühmittelalterlichen Kirche zu Aberglauben und Magie wurden folgende Werke zu Rate gezogen: *Die Kirchengeschichte des englischen Volkes*[5] von Beda dem Ehrwürdigen, *Der Gottesstaat*[6] von Aurelius Augustinus sowie *die Briefe des Bonifatius*[7] aus der Freiherr-von-Stein-Gedächtnisausgabe, in der noch einige andere Quellen wie das *Concilium Germanicum* sowie der Aberglaubenskatalog *Indiculus Superstitionum Et Paganiarum* enthalten sind.

Hier gilt es zu beachten, dass diese Quellen aus christlicher Hand sind und dass die Autoren die Religion der „Heiden" häufig nicht aus erster Hand

---

[3] Wilhelm Braune / Ernst A. Ebbinghaus: *Althochdeutsches Lesebuch.* 17. Aufl. Tübingen 1994.

[4] Elias von Steinmeyer (Hg.): *Die kleineren althochdeutschen Sprachdenkmäler.* 3. Aufl. Berlin 1971.

[5] Beda der Ehrwürdige: *Kirchengeschichte des englischen Volkes.* Hg. v. Günther Spitzbart. Darmstadt 1982.

[6] Aurelius Augustinus: *Der Gottesstaat.* Hg. v. Carl Johann Perl. Paderborn 1979.

[7] Bonifatius: *Briefe des Bonifatius.* Nebst einigen zeitgenössischen Dokumenten. Hg. v. Reinhold Rau. Darmstadt 1968.

kannten. Nicht selten interpretierte man die Religion der Andersgläubigen nach dem antiken Heidentum.[8]

Als antike Quellen dienen *De bello Gallico*[9] von Gaius Iulius Caesar sowie die *Germania*[10] von Tacitus.

Für den Nachweis der germanischen Götter wurden unter anderem *Die Edda – Die wesentlichen Gesänge der altnordischen Götter- und Heldendichtung*[11], übersetzt von Felix Genzmer, sowie die *Die Götterlieder der Älteren Edda*[12] und *Die Edda des Snorri Sturluson*[13], in der Übersetzung von Arnulf Krause, genutzt.

Auch diese Quellen sollen unter dem Aspekt betrachtet werden, dass die sogenannte *Liederedda* erst im 10. oder 11. Jahrhundert verschriftlich wurde,[14] die *Prosaedda* sogar erst im 13. Jahrhundert.[15]

Diese Quellen sind bei der Interpretation des zweiten Merseburger Zauberspruchs behilflich, sollten aber dennoch kritisch betrachtet werden. Unter

---

[8] Vgl. Rudolf Simek: *Götter und Kulte der Germanen.* 3. Aufl. München 2009, S. 64; vgl. auch Franz Neiske: *Europa im frühen Mittelalter.* Darmstadt 2007, S. 91.

[9] Caesar: *De bello Gallico.* Hg. v. Marieluise Deißmann. Stuttgart 1980.

[10] Tacitus: *Germania.* Hg. v. Manfred Fuhrmann. Stuttgart 2009.

[11] Felix Genzmer (Hg.): *Die Edda. Die wesentlichen Gesänge der altnordischen Götter- und Heldendichtung.* Düsseldorf 1964.

[12] Arnulf Krause (Hg.): *Die Götterlieder der Älteren Edda.* Stuttgart 2006.

[13] Ders. (Hg.): *Die Edda des Snorri Sturluson.* Stuttgart 2005.

[14] Vgl. ders. (Hg.): *Die Götterlieder*, S. 241.

[15] Vgl. Rudolf Simek: *Die Religion der Germanen.* Darmstadt 2003, S. 176.

anderem aus den oben genannten Gründen sollte die „„regressive Methode‘, d.h. der Versuch, Rückschlüsse aus späterer Folklore auf eine frühere Überlieferungsschichte zu ziehen, [...] mit aller gebotenen äußersten Vorsicht“[16] geschehen. Das bedeutet, dass man diese Quellen zwar als hilfreich ansehen kann, aber einbeziehen sollte, dass sie einen zeitlichen und räumlichen Abstand zu der Quelle, die man interpretiert, aufweisen. Im Falle der *Edda* kann man zum Beispiel nicht mehr von einem authentischen heidnischen Werk sprechen, da sie in einer Zeit aufgezeichnet wurde, in der Island schon Kontakt zu christlichem Gedankengut hatte bzw. schon christianisiert war.

[16] Claude Lecouteux: *Geschichte der Gespenster und Wiedergänger im Mittelalter*. Köln 1987, S. 3.

3 Was ist Magie?

Wenn man von Magie spricht, so spricht man von einem Phänomen, das dem modernen und aufgeklärten Menschen zwar wohlbekannt ist – allerdings nur aus dem Erzählen, „sei es in mündlicher, schriftlicher, bildlicher oder szenischer Form.“[17] Die Faszination, die Magie auf den Leser oder den Zuschauer ausübt, lässt sich unter anderem mit dem Erfolg von Buchreihen wie *Harry Potter* belegen. Was Magie aber wirklich für den archaischen Menschen bedeutet hat, ist dem modernen Menschen seit der Aufklärung nicht mehr zugänglich. Horkheimer und Adorno sprechen in der *Dialektik der Aufklärung* von der „Entzauberung der Welt.“[18]

Doch was ist Magie genau?

Das *Lexikon des Mittelalters* definiert Magie folgendermaßen:

> Magie beruft sich als Denksystem auf die Vorstellung von den sympathetischen Strukturen des Kosmos. Die Verwobenheit von Makro- und Mikrokosmos schafft ein Netz von Kommunikationsmöglichkeiten zwischen dem Menschen und den Göttern bzw. Dämonen, wobei das magische Ritual eine bild- und

---

[17] Meinolf Schumacher: „Geschichtenerzähler – Die Merseburger Zaubersprüche oder die Funktion der historiola im magischen Ritual“. In: *Erzählte Welt – Welt des Erzählens*. Hg. v. Rüdiger Zymner. Köln 2000. S. 201–215, hier: S. 201.

[18] Max Horkheimer / Theodor W. Adorno: *Die Dialektik der Aufklärung*. Frankfurt am Main 1969, S. 11.

> zeichenhafte Handlung für diese ausführenden medialen Wesen darstellen.[19]

Das symbolische Denken hat allerdings nicht nur in der Magie, sondern auch in der Denkweise des Mittelalters eine hohe Bedeutung. Das gesamte Mittelalter war durch symbolisches Denken geprägt. Jedes Zeichen ist mit einem realen Gegenstand identisch.[20] Nach Neiske gaben „das allegorische Denken und die vielfältigen Interpretationsmöglichkeiten […] Sichtbarem und Unsichtbarem eine nahezu gleichartige Wirklichkeit."[21]

Im neoplatonischen Denken war „alles irdische Sein […] ‚Abbild' des Himmlischen."[22] Jedes Ding hatte sein Abbild im himmlischen Bereich, „aus dem es hervorgegangen war und auf das es allein durch seine Existenz symbolhaft-ontologisch zurückverwies."[23] Auch der Mensch war als „Mikrokosmos ‚Symbol' der Schöpfung."[24]

---

[19] Michael von Matuschka: „Magie". In: *Lexikon des Mittelalters*. Hg. v. Norbert Angermann / Robert-Henri Bautier. 9 Bde. Stuttgart 2009. Bd. 6, Sp. 82.

[20] Vgl. Neiske: *Europa*, S. 96.

[21] Ebd., S. 146.

[22] Hans-Werner Goetz: „Der ‚rechte' Sitz. Die Symbolik von Rang und Herrschaft im Hohen Mittelalter im Spiegel der Sitzordnung". In: Gertrud Blaschitz u. a. (Hg.): *Symbole des Alltags, Alltag der Symbole.* Graz 1992. S. 11–49, hier: S. 12.

[23] Ebd., S. 13.

[24] Vgl. ebd.

Für den mittelalterlichen, aber auch für den „archaischen Menschen“[25] ist „das Symbol […] realer Inhalt, in sich Wirklichkeit und folglich ein unentbehrlicher Faktor des Denkens und Handelns.“[26] Nach Gadamer verweist „das Symbolische […] nicht nur auf Bedeutung, sondern lässt sie gegenwärtig sein; es repräsentiert Bedeutung.“[27] Des Weiteren „[meint] Repräsentation […] nicht, dass etwas stellvertretend oder uneigentlich und indirekt da ist, als ob es ein Substitut, ein Ersatz wäre.“[28]

Hier ist es egal, ob im magischen Ritual eine Puppe den zu bezaubernden Menschen repräsentiert oder ob in der Eucharistie Brot und Wein in den Leib und das Blut Christi transformiert werden. Die Puppe *ist* im Ritual dieser Mensch, Wein und Brot *sind* der Leib und das Blut Christi.[29]

Alle magischen (und auch religiösen) Gesetze ziehen Kausalverbindungen, die nicht auf den allgemeinen Gesetzen der Logik beruhen. Irmgard Hampp sagt, das kausal Erscheinende sei „ein rein assoziativer Analogieschluß, weil primitives Denken vor allem assoziatives

[25] Wolfgang Hartung: „Die Magie des Geschriebenen“. In: Ursula Schaefer (Hg.): *Schriftlichkeit im frühen Mittelalter.* Tübingen 1993. S. 109–126, hier: S. 111.

[26] Vgl. Goetz: „Sitz“, S. 13.

[27] Hans-Georg Gadamer: *Die Aktualität des Schönen.* Stuttgart 2006, S. 41.

[28] Ebd.

[29] Vgl. ebd., S. 46.

Denken nach äußeren Analogien“[30] sei. Diese Denkweise zeigt sich auch in den Grundprinzipien der Magie, die in Kapitel 4.1. noch genauer erläutert werden.

Des Weiteren kann man „Magie als willentliche Einflussnahme auf den Menschen (z. B. Schaden-Liebeszauber), auf die Umwelt (z. B. Wetterzauber) und als Reaktion auf alltägliche Bedürfnisse [...]“[31] ansehen.

3.1 Anwendungsgebiete der Magie

Magie und Zaubersprüche dienen hauptsächlich dazu, die nächste Umwelt des Menschen zu beeinflussen. Nach Irmgard Hampp setzt der Glaube an Magie ein Denken voraus, das „alle Dinge zur eigenen Person in Beziehung setzen läßt.“[32] Die nächste Umgebung des Menschen, also „Familie, Haus und Hof, Nachbarschaft, Dorf oder Stadt“[33], beschäftigt ihn am meisten. Um diese Umgebung kreisen die Gedanken des Menschen und wie er diese für sich positiv beeinflussen kann.[34]

Die Zaubersprüche lassen sich in solche einteilen, die Hilfe gegen ein bestehendes Problem, zum Beispiel gegen eine Krankheit, bringen oder die vorbeugend, zum Schutz, dienen sollen. Des Weiteren nützen Zaubersprüche auch dazu, sich selbst einen Vorteil gegenüber anderen zu verschaffen oder gar um

[30] Irmgard Hampp: *Beschwörung, Segen und Gebet.* Stuttgart 1961, S. 14.

[31] von Matuschka: „Magie“, Sp. 82.

[32] Hampp: *Beschwörung*, S. 26.

[33] Ebd.

[34] Vgl. ebd., S. 27.

anderen Schaden zuzufügen.[35] Der Zauberspruch soll also „Schutz und Hilfe, Vorteil und Schaden“[36] bringen und Einfluss auf den Anwender selbst, aber auch auf seine Mitmenschen sowie auf Tiere, Pflanzen und Wetterbedingungen ausüben.[37]

Die meisten der überlieferten Zaubersprüche beziehen sich auf die Heilkunde. Zu diesem Zweck gibt es Zaubersprüche für diverse Erkrankungen, die gleichzeitig für Mensch und Tier genutzt wurden. Da Tiere ebenfalls von Krankheiten betroffen waren, wurden die Zauber- und Segenssprüche auch auf sie angewandt. Bis ins 19. Jahrhundert und darüber hinaus versuchten die Bauern den ländlichen Alltag mit Zaubersprüchen zu beeinflussen.[38] Das menschliche Urbedürfnis, das eigene Leben und den Besitz zu schützen, lässt Menschen zu Sprüchen Zuflucht nehmen, mit denen man das Haus segnen, es vor einem Brand schützen und vor bösen Menschen bewahren kann.[39]

Anhand der überlieferten Zaubersprüche lässt sich ein Sachverhalt schnell erkennen. Zaubersprüche beziehen sich in der Regel auf profane Probleme, die sich aber durch Kontakt mit dem „Numinosen“[40] lösen

[35] Vgl. ebd.

[36] Ebd.

[37] Vgl. ebd.

[38] Vgl. ebd.; vgl. auch Mircea Eliade: *Heiliges und Profanes*. Hamburg 1957, S. 96.

[39] Vgl. Hampp: *Beschwörung*, S. 29.

[40] Ebd., S. 11.

sollen. Wolfgang Hartung sieht „die schier unauflösliche Verflechtung von Profanem und Heiligem“[41] als charakteristisch für die Weltsicht des „archaischen Menschen“ an. Wer ist aber der „primitive“ oder der „archaische Mensch“? Mircea Eliade definiert den „archaischen Menschen“ als Menschentyp, für den „der Mythos die eigentliche Grundlage des gesellschaftlichen Lebens und der Kultur“[42] darstellt.

Magie wird aber vor allen Dingen für Bereiche des Lebens angewandt, die unsicher sind, wie zum Beispiel „Krieg und Liebe sowie bestimmte Mächte des Schicksals und der Natur, wie Krankheit, Wind und Wetter.“[43] Bei Vorgängen oder Tätigkeiten, bei denen „die Tätigkeit sicher, zuverlässig und unter der Kontrolle von rationalen Methoden und technischen Prozessen steht“,[44] wird Magie nicht ausgeübt. Anlass für eine Magieausübung sind immer Bereiche, in denen „das Element der Gefahr“[45] ersichtlich ist, zum Beispiel bei der Jagd oder bei einem schwierigen Herstellungsprozess.[46]

Magie ist hier eine „wesentliche kulturelle Funktion“,[47] da sie hilft, „Lücken und Unzulänglichkeiten zu überbrücken […], die vom Menschen noch nicht

[41] Hartung: „Schriftlichkeit“, S. 111.

[42] Mircea Eliade: *Mythen, Träume und Mysterien*. Salzburg 1961, S. 19.

[43] Malinowski: *Magie, Wissenschaft und Religion*, S. 121.

[44] Ebd.

[45] Ebd.

[46] Vgl. ebd., S. 120f.

[47] Ebd., S. 121.

völlig beherrscht werden."[48] Dies geschieht, indem die Magie dem „primitiven Menschen"[49] Selbstvertrauen einflößt. Er wird mit „einem festen Glauben an seine Erfolgskraft"[50] unterstützt und die Magie befähigt ihn, „seine lebenswichtigen Aufgaben zuversichtlich auszuführen."[51]

3.2 Die magische und die religiöse Weltsicht

Magischen Handlungen liegt eine bestimmte psychische Disposition zugrunde. Irmgard Hampp nennt den „magischen Glauben"[52] im Gegensatz zum „religiösen Glauben"[53] als Grundvoraussetzung dafür, Magie auszuüben. Im religiösen Glauben unterstellt sich der Mensch der göttlichen Macht und akzeptiert, dass er auf das Schicksal keinen Einfluss hat. Im magischen Glauben will der Mensch Einfluss nehmen, indem er versucht, eine übersinnliche Macht zu zwingen.[54] Der Ausdruck des religiösen Glaubens ist, neben anderen Riten, das Gebet. Der magische Glaube drückt sich, neben anderen Formen der Magie, im Zauberspruch aus.[55] Hampp bezeichnet die Magie als „Vor-

[48] Ebd.

[49] Ebd.

[50] Ebd.

[51] Ebd.

[52] Hampp: *Beschwörung*, S. 10.

[53] Ebd.

[54] Vgl. ebd.

[55] Vgl. ebd., S. 11.

stufe der Technik“[56], da der Zaubernde danach strebt, die „geheimen Mächte“[57] zu kontrollieren und für sich zu nutzen. Magie ist der Versuch „des Menschen, die Welt zu begreifen, sich ihrer zu bemächtigen und sie zu bewältigen.“[58] Nach Irmgard Hampp existieren die religiöse und die magische Weltsicht nicht getrennt voneinander, sondern als „ursprüngliches Neben- und Ineinander.“[59] Beide Glaubensformen weisen Ähnlichkeiten auf:

> Beide [Glaubensformen] werden hervorgetrieben aus dem Gefühl der Abhängigkeit vom Numinosen, von übersinnlichen Mächten, und in beiden reagiert der Mensch auf das Abhängigkeitsgefühl mit einer Hinwendung zu diesen Mächten, sei es im Gebet, sei es im Zauberspruch.[60]

Da beide Glaubensformen sehr ähnlich sind und religiöse und magische Handlungen ähnliche Formen haben, ist es manchmal schwer, sie exakt voneinander abzugrenzen. Ein gravierender Unterschied zwischen religiösem und magischem Denken ist aber die innere Haltung. Der Zaubernde will etwas (er)zwingen, der Betende bittet darum.

---

[56] Ebd.

[57] Ebd.

[58] Ebd., S. 14.

[59] Ebd., S. 11.

[60] Ebd.

3.3 Die magischen Denkmuster

Es gibt verschiedene magische Gesetze, die alle auf der Lehre von der *Sympathie des Alls* beruhen.

Der Magier, der diese Prinzipien anwendet, nimmt an, dass „the Laws of Similarity and Contact are of universal application.“[61] Frazer ordnet den reflektierten Gebrauch der Sympathien der „Theoretical Magic“[62] zu, während er vom „primitive magician“ sagt, „he knows magic only on its practical side.“[63] Des Weiteren führt er aus, dass „he never analyses the mental process on which his practice is based […].“[64]

Im *Sympathieglauben* haben „die magischen Gesetze der Ähnlichkeit (*simila similibus*), des Gegensatzes (*contraria contrariis*) und der Berührung sowie das Gesetz der Stellvertretung (*pars pro toto*)“[65] ihren Ursprung. Zuvor hatte schon Frazer in seinem Werk *The Golden Bough* auf die Prinzipien der sympathischen Magie hingewiesen: „The two principles of Sympathetic Magic are the Law of Similarity and the Law of Contact or Contagion.“[66]

---

[61] James George Frazer: „The Magic Art and the Evolution of Kings“. In: *The Golden Bough*. Bd. 1. 3. Aufl. London 1911, S. 53.

[62] Ebd.

[63] Ebd.

[64] Ebd.

[65] Hampp: *Beschwörung*, S. 14.

[66] Frazer: „The Magic Art and the Evolution of Kings“, S. 52.

3.3.1 *Similia similibus*

Monika Schulz teilt die Meinung von Irmgard Hampp, dass „die Kategorie der similitudo […] als zentrales Instrument magischer Manipulation zu begreifen“[67] ist. Denn eine Krankheit, wie zum Beispiel ein Gerstenkorn, kann zwar besprochen, aber nicht „[durch Magie] behandelnd manipuliert werden.“[68] Symbolische Handlungen werden an einem „manipulierbaren Substitut“[69] durchgeführt. Im Falle des Gerstenkorns kann dies eine Erbse oder ein ähnlich aussehender Gegenstand sein.[70] Die Ähnlichkeit erschließt sich nicht immer sofort. Der Einsatz des Eisenhutes (der Pflanze) bei Augenleiden lässt nicht sofort einen Zusammenhang erkennen. Es sind die Samen des Eisenhutes, die Ähnlichkeit mit dem menschlichen Auge aufweisen.[71] Ein weiteres Beispiel von Ähnlichkeitsmagie nennt Birkhan. Die Mondmagie ist hierfür ein gutes Beispiel, denn „alles, was zunehmen soll, muß bei zunehmenden, was abnehmen soll, bei abnehmenden Mond verrichtet werden.“[72] Er nennt die Mondgläubigkeit der Germanen als Beispiel. Bei

---

[67] Monika Schulz: *Magie oder die Wiederherstellung der Ordnung*. Frankfurt am Main 2000, S. 145.

[68] Ebd.

[69] Ebd.

[70] Vgl. ebd.

[71] Vgl. Michel Foucault: *Die Ordnung der Dinge*. Frankfurt am Main 1971, S. 58; zit. nach Schulz: *Wiederherstellung der Ordnung*, S. 145.

[72] Helmut Birkhan: *Magie im Mittelalter.* München 2010, S. 22.

der Begegnung Caesars mit dem Suebenführer Ariovist weigern sich die Sueben zunächst, die Schlacht zu schlagen, da die führenden Frauen des Stammes davon abraten, bei abnehmendem Mond zu kämpfen:

> *[…] ut matres familiae eorum sortibus vaticinationibusque declararent, utrum proelium committi ex usu esset necne; eas ita dicere: non esse fas Germanos superare, si ante novam lunam proelio contendissent.*[73]

> … daß die Familienmütter mit Hilfe von Runen und Weissagungen bestimmten, wann es richtig sei, eine Schlacht zu schlagen und wann nicht. Sie hätten erklärt, die Götter seien gegen den Sieg der Germanen, wenn sie vor dem folgenden Neumond eine Schlacht lieferten.[74]

Diese Anweisung beruht auf dem Glauben, dass das Schlachtenglück bei abnehmendem Mond ebenfalls abnehme.

3.3.2 *Contraria contrariis*

Während das Gesetz der *similia similibus* besagt, dass „Ähnliches mit Ähnlichem" bekämpft werden soll, verhält es sich bei *contraria contrariis* genau umgekehrt. Ein anschauliches Beispiel sind Krankheiten, bei denen hohes Fieber auftritt. Diese werden im Zauberspruch mit Feuer gleichgesetzt und müssen demnach mit Wasser oder Sand gelöscht werden.[75]

---

[73] Caes. *Gall.* I, 50.

[74] Ebd.

[75] Vgl. Hampp: *Beschwörung*, S. 48.

Gegen den Brandgrind
Man füllt eine Schale mit Wasser und spricht,
während
man sie zum Mund führt, um zu trinken:
Ich trink daraus wie ein Reh und Rind
Du sollst wegnehmen diesen Brandgrind.
Brand, fall auf Sand †
Fall in die See †
Und nicht auf Fleisch †
Brand, Brand, ich blase dich;
Heil'ge Jungfrau leite mich.[76]

Der Sand, die See und das Blasen auf den Brandgrind soll helfen, diese Krankheit zu heilen.

3.3.3 Gesetz der Berührung

Das „Gesetz der Berührung" spiegelt sich in der magischen Denkweise wider, die man „kontagiöse Magie"[77] oder auch „Berührungszauber"[78] nennt. Wer einen Berührungszauber anwendet, setzt voraus, „daß eine äußerliche Berührung zu einer inneren Beziehung"[79] führt.

Die Denkweise, dass sich „magische Kräfte [...] in den Händen sammeln und durch die Hände

[76] Otto Schell: „Bergische Zauberformeln". In: *Zeitschrift des Vereins für rheinische und westfälische Volkskunde* 16 (1906). S. 170–176, hier: S. 171; zit. nach Hampp: *Beschwörung*, S. 48.

[77] Ebd., S. 14.

[78] Ebd.

[79] Hampp: *Beschwörung*, S. 14.

übermittelt werden“,[80] ist sehr alt. Das Anfassen des Leidenden spielt bei Zaubersprüchen eine große Rolle.[81] Manchmal wird der Kontakt durch Berührung auch im Zauberspruch selbst genannt:

> Ich greif an die Haut
> ich greif an das Fleisch
> ich greif an das Bein
> ich greif an das Mark und Blut
> das ist für alle Schwinden gut.[82]

Die „Gebärde des Greifens oder Streichens“[83] wird durch die Erwähnung im Spruch durch die „Kraft des Wortes“[84], auf die noch eingegangen werden wird, noch verstärkt.[85] Auch der Atem[86] und der Speichel[87] haben heilende Kräfte. Nach Hampp ist „der Glaube an die besondere Kraft der Hand, des Atems und des Speichels uralt und über die ganze Erde verbreitet.“[88]

---

[80] Ebd., S. 18.

[81] Vgl. ebd.

[82] Notizbuch, gefunden zwischen Brettheim und Hildgardshausen von Pfarrer Kappler, Brettheim. Die Eintragungen stammen von zwei oder drei Schreibern aus der 2. Hälfte des 19. Jahrhunderts; zit. nach Hampp: *Beschwörung*, S. 18.

[83] Ebd.

[84] Ebd.

[85] Vgl. ebd.

[86] Vgl. ebd., S. 20.

[87] Vgl. ebd., S. 21.

[88] Ebd.

Auch in der Bibel wird von magischen Heilungen berichtet: Christus heilt einen Taubstummen, indem er seine Ohren mit den Fingern berührt und seine Zunge mit Speichel benetzt.[89] Eine zweite Heilung ist die eines Blinden, dem Jesus seinen mit Erde vermengten Speichel auf die Augen aufträgt.[90]

Auch bei den Germanen galten Blut und Speichel als „eine Art Seelenträger"[91] und ihre Vermischung schuf „personale Lebens- und Schicksalsgemeinschaft[en]."[92]

3.3.4 *Pars pro toto*

Monika Schulz zeigt, dass die Vorstellung, dass der ganze Mensch durch einzelne Teile wie Fingernägel oder Haare repräsentiert wird, „für magische Operationen wesentlich und bereits in ältesten Beschwörungen belegt"[93] ist. Bereits in altorientalischen Texten werden „Schuppen, Speichel, Kleidung, Fußwickel, Körperausscheidungen [oder] Besitztum"[94] als Repräsentanten für den ganzen Menschen

---

[89] Vgl. Mk 7,32ff.

[90] Vgl. Joh 9,6ff.

[91] Hans-Peter Hasenfratz: *Die religiöse Welt der Germanen*. Freiburg 1992, S. 49.

[92] Ebd.

[93] Schulz: *Wiederherstellung der Ordnung*, S. 231.

[94] Vgl. Stefan M. Maul: *Zukunftsbewältigung – Eine Untersuchung altorientalischen Denkens anhand der babylonisch-assyrischen Löserituale*. Mainz 1994, S. 76; zit. nach Schulz: *Wiederherstellung der Ordnung*, S. 231.

angesehen. Diese Konzepte beruhen auf der Vorstellung, dass der Zaubernde dazu fähig ist, eine Person „durch entsprechende Einwirkung auf von ihr abgetrennte Teile“[95] zu manipulieren. Durch diese Denkweise ist das Gesetz des *pars pro toto* auch mit dem Gesetz der Berührung verbunden, denn „things which have once been conjoined must remain ever afterwards.“[96] Nach Frazer ist es „a material medium of some sort which unite[s] distant objects and [...] conveys impressions from one to the other.“[97]

Es können aber nicht nur abgetrennte Teile, die durch das Gesetz der *Sympathie* mit ihrem Besitzer verbunden sind, manipuliert werden, sondern es kann auch ein einzelner Vertreter seiner Art symbolisch für die ganze Gattung stehen. Ein Wurmsegen aus dem *CSB*, dem *Corpus deutscher Segen- und Beschwörungsformeln*, zeigt, dass der Tod eines Wurmes auch den Tod aller Würmer, die beseitigt werden sollen, auslöst: „Wan nun der wurm in dem feder kengell stirbt, so stirbt auch der ander.“[98] Der Wurm steht also stellvertretend für die anderen Würmer. Dieser Denkart entsprechen auch die magischen Handlungsanweisungen, die durch das Vergießen von Wasser Regen bewirken sollen. Schulz zitiert hier Cassirer:

[95] Ebd., S. 232.

[96] Frazer: „The Magic Art and the Evolution of Kings“, S. 174.

[97] Ebd., S. 175.

[98] Cod. Pal. germ., fol. 142r, CSB Wurmsegen. Heidelberg.

> [D]er Regen [wird] nicht nur bildlich empfunden, sondern in jedem Wassertropfen als real gegenwärtig empfunden […]. Der Regen als mythische Kraft, der „Dämon“ des Regens ist ganz und ungeteilt in dem ausgegossenen Wasser vorhanden und in ihm der magischen Einwirkung unmittelbar zugänglich.[99]

Schulz bezeichnet „das Prinzip des pars pro toto […] als Sonderfall der Kontiguität“,[100] da „das Verhältnis von Teilen zu ihrem Ganzen stets auch die Vorstellung eines immerwährenden Kontakts bedingt.“[101] Nach den Denkweisen der Magie bietet dies eine unerschöpfliche Möglichkeit an magischen Handlungen.[102]

3.3.5 *Animismus* und *Präanimismus*

Weitere Elemente des magischen Denkens sind der *Präanimismus*[103] und der *Animismus*[104]. Werden die Objekte von „wirkenden, willenmäßigen doch unpersönlichen Kräften erfüllt“,[105] kann man von *Präanimismus* sprechen. Käser spricht in diesem Zusammenhang

[99] Ernst Cassirer: *Wesen und Wirkung des Symbolbegriffs*. 4. unveränd. Aufl. Darmstadt 1969, S. 152.

[100] Schulz: *Wiederherstellung der Ordnung*, S. 240.

[101] Ebd.

[102] Vgl. ebd.

[103] Vgl. Hampp: *Beschwörung*, S. 13.

[104] Vgl. ebd., S. 14.

[105] Ebd., S. 13.

noch von dem Begriff des *Animatismus*.[106] *Animatismus* oder *Präanimismus* „[…] ist die Vorstellung, dass Unbelebtes in der Natur als belebt angesehen wird in dem Sinn, dass es eigenen Willen, eigene Emotionen und Denkfähigkeit besitzt, z. B. Vulkane, Unwetter usw.“[107]

Sind diese Kräfte „verpersönlicht als Geister, Dämonen und Seelen, die an Objekte gebunden sind“,[108] spricht man von *Animismus*. Die vergleichende Religionsethnologie und die Religionswissenschaft definiert *Animismus* als „den Glauben an die Existenz und Wirksamkeit von anthropomorph (menschenähnlich) und theriomorphen (tierähnlich) gedachten geistartigen Wesen (Seelen und Geister).“[109] Auf dem *Animismus* beruht der Dämonenglaube, der sich in allen Kulturen findet.[110] Im magischen Denken werden oft Dämonen als Ursache von Krankheiten gesehen, da sich der in der Heilkunst unkundige Mensch die Ursache seiner Krankheit nicht erklären konnte. Er musste also annehmen, dass die Ursache seiner Erkrankung aus der Außenwelt in ihn eingedrungen sein musste.[111] Hampp nennt drei Arten der volksmedizinischen Krankheitserklärungen: „die Erklärung durch Krankheitsdämonen,

---

[106] Vgl. Lothar Käser: *Animismus – Einführung in seine begrifflichen Grundlagen*. Bad Liebenzell 2004, S. 20.

[107] Ebd.

[108] Hampp: *Beschwörung*, S. 14.

[109] Käser: *Animismus*, S. 21.

[110] Hampp: *Beschwörung*, S. 14.

[111] Vgl. ebd., S. 58.

durch Zauberkraft des Menschen und durch natürliche Ursachen."[112] Krankheitsdämonen können verschiedene Formen haben. Man kann zwischen Dämonen in Tiergestalt und elbischen Wesen, die in verschieden Gestalten auftreten können, unterscheiden.[113] Auch ist es möglich, dass die Krankheit selbst als dämonisches Wesen personifiziert wird.[114] Eine weitere Variante des dämonischen Krankheitsverursachers ist der zaubernde Mensch.[115]

Der Mensch, der ein animistisches Weltbild hat, erklärt damit nicht nur Krankheitsursachen. Käser erläutert, dass „Animismus Naturwissenschaft" sei.[116] Die Weltsicht des *Animismus* „hält unter anderem Erklärungen darüber bereit, wie physikalische oder chemische Erscheinungen zustande kommen." So erklärt sich ein Stamm aus der südafrikanischen Wüste Kalahari den Himmel, indem er sagt, dass die Sterne „Lagerfeuer von Totenseelen" seien.[117]

Des Weiteren ist *Animismus* nicht nur Naturwissenschaft, sondern auch Philosophie:

---

[112] Ebd., S. 59.

[113] Vgl. ebd., S. 59ff.

[114] Vgl. ebd., S. 74ff.

[115] Vgl. ebd., S. 101ff.

[116] Käser: *Animismus*, S. 27.

[117] Mathias G. Guenther: „Buschmänner". In: Klaus E. Müller (Hg.): *Menschenbilder früher Gesellschaften*. Frankfurt u. New York 1983. S. 75–108, hier: S. 96; zit. nach Käser: *Animismus*, S. 27.

> […] denn er gibt Antwort auf die Frage, wie die Dinge und der Mensch ihrem eigentlichen Wesen nach beschaffen sind, woher sie kommen, wohin sie gehen und wozu sie letztlich bestimmt sind.[118]

Im Zusammenhang mit dem *Animismus* und dem magischen Denken ist es noch wichtig, die Bedeutung einer Kraft, dem *Mana*, zu erklären.

3.3.6 *Mana*

Mana ist eine Kraft, mit der „das außerordentlich Wirkungsvolle“[119] bezeichnet wird. Der Begriff *Mana* wurde nach Erscheinen der Arbeit *The Melanesians. Studies of their anthropology and folklore* des Missionars R. H. Codrington zur gängigen Bezeichnung.[120] *Mana* ist der Begriff für das Heilige und Sakrale bei polynesischen Gruppen. Die Namen dieser Kraft variieren bei verschiedenen Völkern. Bei den Griechen kann das Wort *hierós* „am ehesten […] dem Begriffspaar Mana und Tabu zugeordnet werden.“[121]

Sobald etwas, zum Beispiel ein Ding oder ein Vorgang, *Mana* besitzt, erlangt es den „Charakter des Heiligen“.[122] Dinge ohne *Mana*, also ohne magischen oder religiösen Zusammenhang, haben hingegen den

---

[118] Ebd.

[119] Ebd., S. 72.

[120] Vgl. ebd.

[121] Mircea Eliade: *Die Religionen und das Heilige*. Darmstadt 1976, S. 43.

[122] Käser: Animismus, S. 91.

„Charakter des Profanen."[123] In Stammeskulturen, aber auch in dörflichen Gemeinschaften gibt es, speziell bei religiösen und magischen Inhalten, besondere Verhaltensweisen und Normen, da „alles Heilige dadurch gekennzeichnet [ist], dass es nicht jedermann und jederzeit zugänglich ist."[124] *Mana* ist ein Begriff, der sprachlich variabel ist. Käser schreibt, dass „es […] adjektivischen oder substantiven Charakter haben [kann], […] ein Wesen, Ding oder Vorgang können mana sein oder Mana besitzen."[125] Cassirer bezieht sich auf Codrington, wenn er sagt, dass der magische Glaube den Glauben an

> eine „übernatürliche Kraft" [aufweist], die das gesamte Sein und Geschehen durchdringt, die bald in bloßen Dingen, bald in Personen oder Geistern gegenwärtig und wirksam ist, die aber niemals ausschließlich an irgendeinen bestimmten einzelnen Gegenstand oder an ein einzelnes Subjekt als ihren Träger gebunden ist, sondern sich von Ort zu Ort, von Ding zu Ding, von einer Person zur anderen übertragen lässt.[126]

[123] Vgl. ebd., S. 92.

[124] Ebd.

[125] Ebd., S. 73.

[126] Robert Henry Codrington: *The Melanesians. Studies of their anthropology and folklore.* o.O. o.J. zit. nach Cassirer: *Symbolbegriff*, S. 127.

Man kann *Mana* also als „Eigenschaft von Vorgängen, Dingen, Orten, Zeiten und Wesen“[127] bezeichnen, die sich „als unerwartet oder außerordentlich wirkungsvoll erweisen.“[128] Der Begriff *Mana* ist allerdings nicht nur religiösen Bereichen zuzuordnen, sondern auch in alltäglichen Zusammenhängen zu finden. Je nach Kultur benennt der Begriff auch „Autorität, Status [und] Glück.“[129]

Käser sieht den Begriff *Mana* als „wertneutral“[130] an. Allerdings gibt es „gutes und böses Mana“.[131] Unter *gutes Mana* kann ein Heilzauber fallen, unter *schlechtes Mana* ein Schadenszauber. Es kommt darauf an, ob die Auswirkungen als „nützlich oder schädlich erfahren werden.“[132]

Die Vorstellung, dass bestimmte Dinge mit *Mana* versehen sind, findet sich unter anderen Begrifflichkeiten auch in unserer Kultur. Wenn Käser also schreibt, dass Menschen „vom Mana eines Ortes […] Heilung von Krankheiten und Beschwerden aller Art [erwarten]“[133] und „markante Steine, Felsen, Quellen, Wasserfälle, Flüsse, Berge, Haine [und] Grabstätten“[134]

[127] Käser: *Animismus*, S. 73.

[128] Ebd.

[129] Ebd.

[130] Ebd.

[131] Ebd.

[132] Ebd.

[133] Ebd., S. 74.

[134] Ebd.

Rekonstruktion von Altären im Opfermoor Vogtei,
Niederdorla, Thüringen.

als „Kraftorte“[135] nennt, so erinnert dies stark an die von den Germanen verehrten Heiligtümer.[136] Auch im frühen Mittelalter hielten die Menschen an der Verehrung von Orten, wie Seen oder Quellen, fest.[137] Bei Zaubersprüchen, bei denen eine Zeitangabe als Ritusanzeige gegeben ist, ist die genaue Zeit wichtig für den Erfolg des Zauberspruchs. Hampp gibt hier „magische Zeiten wie Beerdigung und Mondnacht“[138] an, „in denen die Sympathie wirkt.“[139]

Ein weiteres Beispiel sind Personen, die besonders viel *Mana* in sich tragen und deren gesprochenes Wort besondere Zauberkraft hat.[140] Bei Naturvölkern können das Schamanen sein, in der dörflichen Gemeinschaft ist es eine Person, die „innerhalb dieser Lebensgemeinschaft eine Sonderstellung ein[-nimmt]“,[141] da sie die Fähigkeit hat, „Krankheiten zu heilen“[142] und „Böses wieder gut [zu] machen.“[143] Den „Beruf“ umgibt etwas Geheimnisvolles, was auch so gewollt ist:

---

[135] Käser: *Animismus*, S. 74.

[136] Vgl. Tac. *Germ.* 9.

[137] Vgl. Jean-Claude Schmitt: *Heidenspaß und Höllenangst – Aberglaube im Mittelalter*. Frankfurt am Main 1993, S. 39.

[138] Hampp: *Beschwörung*, S. 150.

[139] Ebd.

[140] Vgl. Käser: *Animismus*, S. 75.

[141] Hampp: *Beschwörung*, S. 16.

[142] Ebd., S. 15.

[143] Ebd.

> […] denn es ist das Geheimnis, aus dem heraus diese Gemeinschaft [die Zauberkundigen] lebt. Ihr Geheimnis muss sie wahren, um sich Anfeindungen zu entziehen und um die geheimnisvolle Atmosphäre um sich her zu schaffen, die nötig ist, damit das Volk an sie glaubt.[144]

Da die Anschauung herrscht, dass Zaubersprüche nur ganz bestimmten Personen überliefert werden dürfen, kann man davon ausgehen, dass „auch der Sprecher selbst, und nicht nur sein Wort an sich, von einer besonderen Kraft erfüllt sein [muss].“[145] Diese Personen haben besonders viel *Mana*, auch wenn diese Kraft im europäischen Kulturkreis nicht so genannt wird. Käser nennt noch „das Denken christianisierter Ethnien“,[146] in dem „Gebete grundsätzlich als sprachliche Ereignisse, von denen man außerordentliche Wirksamkeit im Sinne von Mana [erwartet]“,[147] angesehen werden. Die Wirksamkeit der Kraft wird hierarchisch betrachtet: „Je höher das kirchliche Amt dessen ist, der betet, umso größer – so die Erwartung – wird seine Wirkung sein.“[148]

Mit dem Begriff *Mana* ist auch der des *Tabus* zu nennen. Der Begriff *Tabu* bedeutet, dass das Heilige durch bestimmte Verbote und Verhaltensregeln geschützt

---

[144] Ebd., S. 17.

[145] Ebd.

[146] Käser: *Animismus*, S. 75.

[147] Ebd.

[148] Ebd., S. 76.

wird: „Für das Verbotene, ja das Vernichtende des Sakralen hat sich in der Religionsforschung das Wort ‚Tabu' durchgesetzt."[149] Wichtig ist für das Heilige, dass im Umgang mit ihm „bestimmte Bedingungen erfüllt [werden]."[150]

Ein Beispiel aus dem europäischen Raum wäre die Weitergabe von magischem Wissen:

> Das Geheimnisvolle bei der Übergabe eines solchen „Berufes", der von seinen besten Trägern als echte Berufung aufgefaßt wird, erhöht sich noch durch besondere Vorschriften, die dabei gelten; diese sind sehr verschieden und widersprechen sich oft: Einmal darf eine Frau die Kunst nur von einer Frau, ein Mann nur von einem Mann übernehmen, dann wieder ist die Verschiedenheit der Geschlechter Voraussetzung für die Weitergabe, und schließlich kommt es sogar vor, daß Ledige sich nur Ledigen, Verheiratete sich nur Verheirateten mitteilen dürfen oder daß auch hier Verschiedenheit des Familienstandes Voraussetzung ist.[151]

Hier gilt, dass bestimmte Bedingungen für das Erlangen des magischen Wissens erfüllt werden müssen. Im Gegensatz zum Bereich des *Profanen* ist der Bereich des *Heiligen* durch das *Tabu* geschützt.

---

[149] Arnold Angenendt: *Heilige und Reliquien. Die Geschichte ihres Kultes vom frühen Christentum bis zur Gegenwart.* München 1994, S. 9.

[150] Käser: *Animismus*, S. 92.

[151] Hampp: *Beschwörung*, S. 16.

4 Der Zauberspruch

4.1 Eigenschaften des Zauberspruchs

Das *Lexikon des Mittelalters* definiert Zaubersprüche folgendermaßen:

> Zaubersprüche sind eine Form der Wortmagie, die sich gesprochener Formeln in gebundener oder ungebundener Rede bediente, um direkt oder mittelbar (durch Beschwörung vermittelnder Wesenheiten […] oder durch das Bitt-Gebet zu Heiligen bzw. Engeln) in den Ablauf des Kausalgeschehens einzugreifen.[152]

Der Zauberspruch kann „von Zaubergebärden begleitet, zu Zauberhandlungen (Ritualen) der Kontakt- und Entsprechungsmagie gemurmelt, skandiert oder gesungen“[153] werden. Auch Simek bezeichnet Zaubersprüche als „verbale Ausformungen der magischen Handlung, die gesprochen oder gesungen werden konnten.“[154]

Der Zauberspruch ist „eine literarische Kleinform [mit] ausgesprochenem Gestaltenreichtum“,[155] da er sich von reinen „Phrase[n] des Zauberworts bis zu

---

[152] Gundolf Keil: „Zaubersprüche“. In: *LexMA*. Hg. v. Angermann / Bautier. Bd. 9, Sp. 486.

[153] Ebd.

[154] Simek: *Religion der Germanen*, S. 217.

[155] Keil: „Zaubersprüche“, Sp. 486.

mehrstrophigen Gebilden auffächert."[156] Man kann den Zauberspruch demnach zum Teil der Gattung der Lyrik zuordnen. Wie Lieder oder Gedichte weist er Reimschemata auf. Neuzeitliche, aber auch mittelalterliche Zaubersprüche haben oft ein einfach gefertigtes Reimschema, wie den Kreuz- oder Paarreim, ältere germanische weisen noch die traditionelle Stabreimform auf.[157] Manche Zaubersprüche haben auch eine Nähe zu Kinderreimen.[158]

Die magischen Prinzipien werden auch in lyrischen Stilmitteln umgesetzt:

Das Grundprinzip des *Animismus*, siehe auch Kapitel 3.1.5, zeigt sich in der Personifikation. Die Krankheit, zum Beispiel die Migräne („Wohin gehst du, Schädelschmerz […]"?[159]) oder der Krankheitswurm, werden personifiziert und es wird zum Teil direkt mit ihnen kommuniziert. Ein Beispiel ist der imperativische Befehl „Gang ûz"[160] des Wurmsegens. Ein weiteres wichtiges Stilmittel ist der Vergleich, der sich häufig durch Wörter wie „wie" ausdrückt.

---

[156] Ebd.

[157] Vgl. Stefan Sonderegger: *Althochdeutsche Sprache und Literatur*. 3. Aufl. Berlin 1984, S. 113.

[158] Vgl. Frederik Adama van Scheltema: *Die geistige Wiederholung*. Leipzig 1937, S. 176.

[159] Otto Weinreich: „Unheilbannung im volkstümlichen Gebet, Segen und Zauberspruch". In: *Universitas* (1946), H. 1. S. 275–299, hier: S. 293f.; zit. nach Hampp: *Beschwörung*, S. 177.

[160] Braune / Ebbinghaus: *Lesebuch*, S. 90.

Der *Trierer Pferdesegen* ist ein Beispiel für den literarischen Vergleich: „Soso Krist gibuozta themo sancte Stephanes hrosse thaz entphangana, so gibuozi ihc it mid Kristes fullesti thessemo hrosse.“[161] So wie Jesus Christus einst geheilt hat, so will auch der Mensch, der den Spruch benutzt, die Heilung durchführen.

In der Beschwörung erfolgt die „Aufreihung gleichartiger syntaktischer und morphologischer Elemente“,[162] wie man am Beispiel der zweiten und dritten Zeile des Spruchs *Pro Nessia* erkennen kann: „uz fonna marge in deo adra, vonna den adrun in daz fleisk, fonna demu fleiske in daz fel, fonna demo velle in diz tulli.“[163] In der dritten Zeile findet sich auch das Stilmittel des Parallelismus.

Die „zahlreiche[n] Wiederholungen [dienen] ästhetischen und pragmatischen Zwecken zugleich.“[164] Naiditch betont die „pragmatische Seite des Zauberspruchs“ und seine Nähe zu Gebrauchstexten:

---

[161] „Wie Christus des heiligen Stephan Pferd heilte, das verfangen war, so heile ich mit der Hilfe Christi dieses Pferd.“ von Steinmeyer (Hg.): *Sprachdenkmäler*, S. 367.

[162] Larissa E. Naiditch: „Zur Sprach- und Erzählstruktur der deutschen Zaubersprüche“. In: *Interdisciplinary journal for German linguistics and semiotic analysis* 8 (2003), H. 2. S. 167–190, hier: S. 182.

[163] „von dem Mark in die Adern, von den Adern in das Fleisch, von dem Fleisch in das Fell, von dem Fell in diese Spitze.“ Braune / Ebbinghaus: *Lesebuch*, S. 90.

[164] Naiditch: „Erzählstruktur“, S. 183.

> Die pragmatische Seite des Zauberspruchs – der Versuch, das gewünschte Ergebnis durch einen auf ganz bestimmte Weise organisierten Text zu erreichen – hat ihrerseits zwei Seiten, die zu unterschiedlichen Textsorten tendieren. Der Glaube an die Magie des Wortes und der Rede in ihrer äußerlichen Struktur (Modulation der Stimme, Rhythmus) geht hier mit der Notwendigkeit der exakten detaillierten Beschreibung der Handlung Hand in Hand. Indem das Erstere mit der magisch-poetischen Seite des Textes verbunden ist, vereinigt das Letztere den Zauberspruch mit den „Gebrauchstexten“ […].[165]

Der Zauberspruch hat also eine „magisch-poetische Seite“,[166] aber auch eine pragmatische, nämlich „die Wirklichkeit durch einen auf ganz bestimmte Art und Weise organisierten Text zu verändern.“[167] Hier ist die genaue Beschreibung des Gewünschten nötig.[168] Auch Simek betont „die Bedeutung der korrekten Wiedergabe.“[169] Dies ist so, da „das Wort Gegebenes erhalten, vernichten oder verwandeln [soll] und […] zur Handlung [wird].“[170] Zaubersprüche sind also nicht nur gesprochene Worte, sondern „sie sind

---

[165] Ebd.

[166] Ebd.

[167] Ebd., S. 187.

[168] Vgl. ebd.

[169] Simek: *Religion der Germanen*, S. 217.

[170] Hampp: *Beschwörung*, S. 23.

Sprachhandlung."[171] Die Aussage „Ich beschwöre dich"[172] wird im Spruch auch zur Tat.

Das Prinzip des „gesagt-getan"[173] findet sich auch in diesem Zauberspruch:

Ich greif an die Haut
ich greif an das Fleisch
ich greif an das Bein
ich greif an das Mark und Blut
das ist für alle Schwinden gut.[174]

Das Ausformulieren der Absicht wird direkt mit einer Handlung begleitet. Ziel ist auch hier „die Beseitigung des Schadens durch Wort und Tat."[175] Magische Formeln haben allerdings verschiedene Formen. Es gibt, neben klar formulierten Anliegen, auch Zaubersprüche, die nicht auf sinnvollen und verständlichen Ausdrücken beruhen, sondern mit der Onomatopoesie und der freien Kombination von Lauten spielen.[176]

Allen Zaubersprüchen gemeinsam ist aber, dass sie auf der Macht der Wortes beruhen.

---

[171] Naiditch: „Erzählstruktur", S. 168.

[172] Hampp: *Beschwörung*, S. 121.

[173] Naiditch: „Erzählstruktur", S. 187.

[174] Zit. nach Hampp: *Beschwörung*, S. 18.

[175] Naiditch: „Erzählstruktur", S. 171.

[176] Vgl. Albrecht Classen: „Zaubersprüche, Beschwörungen und andere Formen des ‚Aberglaubens': Kulturhistorische Betrachtungen für den Literatur- und Sprachunterricht". In: *Die Unterrichtspraxis – teaching German* 29/2 (1996). S. 231–239, hier: S. 235.

4.2 Die Macht des Wortes

Doch wie erklärt sich die magische Kraft des Wortes?

Eine Erklärung ist, dass das Wort als Repräsentant für das bezeichnete Lebewesen oder den benannten Gegenstand steht. Dieser dient dann als *pars pro toto*. Für den Anwender des Zauberspruchs „fallen Zeichen und Gezeigtes zusammen".[177] Weiter heißt es bei Monika Schulz: „Für den archaischen Menschen sind die Sachen und die Worte nicht unterschieden [...]"[178]

Wer den Namen hat, hat im Zauberspruch oftmals Macht über das gesamte Wesen, da „der Name die ‚Essenz' des Trägers darstellt."[179] Zwischen dem Namen und der Person besteht *Sympathie*.[180] Im Märchen *Rumpelstilzchen* ist diese Denkweise ebenfalls zu finden: Der Gnom verliert seine Macht, nachdem sein Name ans Licht gekommen ist.[181] Ein Beispiel aus dem *Neuen Testament* ist die Austreibung des Dämonen „Legion". Jesus fragt vor der Austreibung nach dem Namen der Geister, die den Kranken heimsuchen.[182]

---

[177] K. Oehler: „Die Aktualität der antiken Semiotik". In: *Semiotik* (1982), H. 4. S. 215–219, hier: S. 218; zit. nach Schulz: *Wiederherstellung der Ordnung*, S. 176.

[178] Ebd., S. 179.

[179] Ebd.

[180] Vgl. Hampp: *Beschwörung*, S. 24.

[181] Vgl. Brüder Grimm: *Kinder- und Hausmärchen*. Hg. v. Heinz Rölleke. 3 Bde. Bd. 1. Stuttgart 2001, S. 288.

[182] Vgl. Mk 5,9.

Eine weitere Erklärung ist, dass das geschriebene Wort in vorschriftlichen Gesellschaften, aber auch im Mittelalter, exklusiven Charakter hatte und sich dadurch von der Ebene des *Profanen* entfernt hatte.[183]

Das frühe Mittelalter zum Beispiel war „eine Kultur von eingeschränkter Schriftlichkeit.“[184] Die Fähigkeit zu schreiben war auf die Insassen der Klöster beschränkt. Hinzu kommt, dass diese im frühen Mittelalter allerdings noch nicht überall vertreten waren.[185] Deswegen kann man die „Schreibkunst als monopolisierte Technik“[186] bezeichnen, die für die *illiterati* unzugänglich und deswegen geheimnisvoll war.[187]

Das Wort war auch insofern heilig, als das Schreibvermögen und auch die Schrift auf göttlichen Ursprung zurückgeführt wurden.[188] Ein Beispiel dafür wäre die schreibende Hand Gottes im *Alten Testament*.[189] Die Bibel ist die Glaubensgrundlage der christlichen Religion und wird auch *Die Heilige Schrift* genannt. Dass „das Buch bis tief ins Hochmittelalter hinein ein Gegenstand der

---

[183] Vgl. Hartung: „Schriftlichkeit“, S. 113f.

[184] Ebd., S. 113.

[185] Vgl. Wilhelm Schmidt: *Die Geschichte der deutschen Sprache – ein Lehrbuch für das germanistische Studium.* 10., verb. u. erw. Aufl. Stuttgart 2007, S. 70.

[186] Hartung: „Schriftlichkeit“, S. 114.

[187] Vgl. ebd.

[188] Vgl. ebd.

[189] Vgl. Dan 5,25.

Verehrung war",[190] ist auch dadurch zu erklären, dass der „Umgang mit Schrift in ausschließlich magischer und kultischer Absicht"[191] viele Jahrhunderte zu den Gewohnheiten der Menschen gehörte.

Doch nicht nur das Christentum sieht das schriftliche und gesprochene Wort als machtvoll an: Trotz der hauptsächlich mündlichen Überlieferung bei den vormittelalterlichen Germanen[192] hat es Formen „volkssprachlicher Schriftlichkeit"[193] gegeben und auch bei diesen Volksstämmen wurde „der Schrift und dem Schreiben religiös-kultische Funktionen zugewiesen."[194] Die von den Germanen genutzten Schriftzeichen werden als Runen bezeichnet. „Rune" (gotisch/althochdeutsch „runa", angelsächsisch/altnordisch „run") bedeutet „Geheimnis".[195] Die Runen wurden nicht auf Pergament geschrieben, sondern eingeritzt.[196] Alle geritzten Runen wiesen einen senkrechten Hauptstrich auf, da das Material, auf das sie geritzt wurden, „eine vorwiegend senkrechte Strichführung verlangt[e]."[197] Daher

---

[190] Dieter Kartschoke: *Geschichte der deutschen Literatur im frühen Mittelalter*. Hg. v. Dieter Kartschoke / Joachim Bumke. München 1990, S. 20.

[191] Ebd.

[192] Vgl. ebd., S. 19.

[193] Ebd.

[194] Ebd.

[195] Klaus Düwel: *Runenkunde*. Stuttgart 1968, S. 1.

[196] Vgl. ebd., S. 6.

[197] Ebd.

wurden einzelne Zeichen auch als „Stab“ bezeichnet. Im Altsächsischen bezeichnete man sie als „stab“, im Angelsächsischen als „staef“ und im Altnordischen als „stafr“.[198] In Bücher oder auf Pergament geschriebene Stäbe nannte man „Buchstaben“. Im Altsächsischen wurde der „Buchstabe“ als „bokstaf“, im Althochdeutschen als „buochstap“ bezeichnet.[199] Diese Zeichen wurden allerdings nicht für schriftliche Kommunikation oder zu literarischen Zwecken genutzt, sondern hatten andere Zwecke, zum Beispiel magisch-religiöse oder memoriale.[200] Die Anwendungsgebiete waren zum Beispiel „[...] Bedeutung tragende Zeichen im Loszauber, [...] kurze Inschriften auf Gebrauchs- und Kultgegenständen in apotropäischer oder schädigender Absicht oder Gedenkinschriften.“[201]

---

[198] Vgl. Kartschoke: *Geschichte Literatur*, S. 20.

[199] Vgl. ebd.

[200] Vgl. ebd.; vgl. auch Düwel: *Runenkunde*, S. 12.

[201] Kartschoke: *Geschichte Literatur*, S. 20.

Runenstein von Rök. Varin, der Runenmeister des Steins, chiffrierte den Text an einigen Stellen mit Hilfe von Geheimrunen. Dazu griff er auf zweierlei Runenalphabete zurück, auf das altnordische mit 24 Zeichen, aber auch auf ein spezielles Rök-Alphabet mit 16 Zeichen.

5 Form und Inhalt der Zaubersprüche

Es gibt zwei dominierende Grundformen im Zauberspruch. Die eingliedrige Stilform, den Befehl – oder auch die Beschwörung – und die zweiförmige Stilform, die aus einem narrativen Teil (*historiola*) und einem Befehl (Beschwörung) besteht.

5.1 Der Befehl

Mit Hilfe des magischen Befehls soll ein feindlich gesonnenes Objekt vertrieben werden.[202] Diese Objekte sind zum Beispiel „elbische[] Wesen wie Riese, Zwerg und Alp, [...] Dämonen in Tiergestalt wie Wurm und Gebärmuttertier [oder] personifizierte Krankheiten."[203] Es ist auch möglich, dass sich der Befehl an dic Naturgewalten, gefährliche Tiere oder Menschen richtet.[204]

Zum Befehl, der „am eindringlichsten von dem starken Glauben an die Macht des Wortes an sich [zeugt]", gehört „ein Verb im Imperativ".[205] Der Sprecher richtet einen Appell an das schadensverursachende Wesen, das „durch Befehl oder Bitte zu einer bestimmten Handlung aufgefordert wird."[206] Meistens

---

[202] Vgl. Hampp: *Beschwörung*, S. 115.

[203] Ebd., S. 116.

[204] Vgl. ebd.

[205] Ebd., S. 117.

[206] Ingrid Schröder: „Niederdeutsche Zaubersprüche. Konstanz

werden im Befehl „Verben der Bewegung […] wie gehen, springen, reiten, fallen, fliegen, ziehen, fahren oder weichen“[207] verwendet.

Ein althochdeutsches Beispiel ist der Zauberspruch *Pro Nessia* aus dem 9. Jahrhundert, der sich mit dem imperativischen Befehl „Gang ûz“[208] an den Wurm „nesso, mit niun nessinchlînon“[209] wendet. In diesem Akt wird deutlich, dass die korrekte Anwendung der Sprachformel wichtig ist: Der auszutreibende Wurm wird genannt, aber auch seine Brut, die weiteren Schaden anrichten kann, wenn sie nicht ausgetrieben wird. Die Handlungsanweisung muss korrekt ausgesprochen werden,[210] damit sie wirksam werden kann, denn es besteht die „Notwendigkeit der exakten detaillierten Beschreibung der Handlung.“[211] Der Zauberspruch hat in der Notwendigkeit der Genauigkeit Ähnlichkeit mit Gebrauchsanweisungen. Deshalb, weil

> der Zauberspruch praktische Zwecke [hat]; um das Erwünschte zu erzielen, braucht man eine detaillierte Beschreibung der notwendigen Handlungen,

---

und Variation.“ In: Peter Wagener (Hg.): *Festsschrift für Diether Stellmacher zum 60. Geburtstag. Zeitschrift für Dialektologie und Linguistik.* (1999), H. 105. S. 81–92, hier: S. 84.

[207] Hampp: *Beschwörung*, S. 117.

[208] Braune / Ebbinghaus: *Lesebuch*, S. 90.

[209] Ebd.

[210] Vgl. Simek: *Religion der Germanen*, S. 217.

[211] Naiditch: „Erzählstruktur“, S. 183.

so z. B. in den Beschwörungen, wo exakt angegeben wird, wer, wie und wohin entfernt werden soll.[212]

Der Zauberspruch, der „in erster Linie aus der magischen Kraft des Wortes“[213] wirkt, kann durch „die magische Kraftquelle“[214] des Sprechers ergänzt oder verstärkt werden. Dass die Kraft des Wortes von Menschen mit besonderem Status, mit besonders starkem *Mana*, als „außerordentlich wirkungsvoll“[215] angesehen wird, ist eine Besonderheit des magischen Denkens.[216] Auch in dem der Beschwörung sehr ähnlichen Exorzismus hängt der Erfolg der Handlung von „der Würdigkeit des Spenders bzw. des Handelnden ab.“[217]

Die zaubernde Person führt ihre „Person als ‚Ich‘ in den Zauberspruch“[218] ein. Das „Ich“ des Sprechers tritt in der Beschwörung „als Autorität“[219] auf. In dieser Variante der Beschwörung werden „Ich-Formeln“[220] gebraucht. Hampp bezeichnet die Formeln „Ich gebiete Dir“ und „Ich beschwöre dich“ als die häufigsten Wendungen.[221]

---

[212] Ebd.

[213] Hampp: *Beschwörung*, S. 121.

[214] Ebd.

[215] Käser: *Animismus*, S. 73.

[216] Ebd., S. 76.

[217] Hartung: „Schriftlichkeit“, S. 112.

[218] Hampp: *Beschwörung*, S. 121.

[219] Ebd.

[220] Ebd.

[221] Vgl. ebd.

Es gibt Varianten, in denen der Zaubernde seinen eigenen Namen nennt. Zwischen Name und Träger besteht *Sympathie* und der Sprecher will dadurch „die in seiner Person wohnende magische Kraft zur Wirksamkeit aufrufen."[222]

Wenn sich der Sprecher im magischen Befehl zum Beispiel auf „Gott, Christus und Maria"[223] beruft, ist „die Grenze des Magischen"[224] erreicht und der Abstand zum Gebet nur noch klein.[225]

5.2 *historiola*

Die sogenannte *historiola*, also die kleine Geschichte, ist der narrative Teil des Zauberspruchs, an den sich eine Beschwörung anschließen kann. In der Regel besteht ein Spruch mit *historiola* aus drei Teilen. Er hat eine Einleitung, einen Mittelteil und einen Schlussteil.

Schulz definiert die *historiola* folgendermaßen: „[Die *historiola* ist] eine Art heilige [...] Geschichte, die den meisten Beschwörungen voransteht und die folgende Formel oder die Handlungsanweisung, die Beschwörung im engeren Sinne also, legitimiert."[226] Sie dient deswegen als Legitimation, da die *historiola* in mittelalterlichen Zauber- und Segenssprüchen „meist [...]

[222] Ebd., S. 24.

[223] Ebd., S. 124.

[224] Ebd., S. 121.

[225] Vgl. ebd., S. 124.

[226] Monika Schulz: *Beschwörungen im Mittelalter – Einführung und Überblick*. Heidelberg 2003, S. 9.

christlich getönten Sinnbezug"[227] hat, im Gegensatz zu den reinen Beschwörungsformeln, deren christlicher Bezug nicht immer offensichtlich ist.

Grundsätzlich ist die *historiola*, deren Existenz schon zu einem sehr frühen Zeitpunkt in der Geschichte nachweisbar ist,[228] je nach kulturellem Hintergrund austauschbar. Es gibt belegte *historiolae* aus anderen Kulturkreisen und „eine andere Kultur wird andere Bezüge ihrer heiligen mythischen Geschichten wählen."[229] Schulz nennt in ihrem Buch *Magie – oder die Wiederherstellung der Ordnung* die „sogenannte Marduk-Ea-Formel"[230], die eine *historiola* aus der sumerischen Mythologie belegt.[231] In dieser *historiola* tritt Marduk als „Vermittler"[232] zwischen Vatergott und Mensch auf und schildert, wie die Menschen unter Dämonen leiden. Bei Marduk handelt es sich um einen Mittlergott, der sich im Christentum in der Gestalt Christus wiederfindet.[233] Die Bitte an den Gott wird in der christlichen Religion über „Christus als messianische Schaltstelle geleitet."[234] Die Heiligen, die in Segen und Zaubersprüchen auftreten, haben wie Christus

[227] Ebd.

[228] Vgl. dies.: *Wiederherstellung der Ordnung*, S. 288.

[229] Dies.: *Beschwörungen im Mittelalter*, S. 9.

[230] Dies.: *Wiederherstellung der Ordnung*, S. 290.

[231] Vgl. ebd., S. 289f.

[232] Ebd., S. 289.

[233] Vgl. ebd.

[234] Ebd.

eine Vermittlerfunktion, da sie zum Beispiel bei Gott Fürbitte leisten,[235] aber auch mit seiner Hilfe Wunder und magische Heilungen ausführen können. Wichtig ist, dass die Heiligen die Macht nicht aus sich selbst heraus haben, sondern sie „von Gott verliehen“[236] bekommen.

Daher ist es etwas widersprüchlich, wenn Schulz „die Existenz eines Pantheons“ als Voraussetzung „für eine solche Verbindung von Mythos, Religion und Magie“[237] sieht. Man kann die Heiligen nicht wie polytheistische Götter betrachten, da sie ihre Kräfte nur von Gott verliehen bekommen haben.[238]

Bei der Zuordnung der „christlichen Heilsbezüge“ zu „spezifischen Beschwörungsgruppen“[239] wirkt das Prinzip der Analogie, zum Beispiel ist „der Rekurs auf Longinus, […] der nach der Legende die Seitenwunde Jesu verursachte, […] typisch für die Historiola der Beschwörung zur raschen Wundheilung.“[240] Es ist in Bezug auf die Zaubersprüche nicht wichtig, ob sich die *historiola* auf die Bibel, die Apokryphen oder das Leben der Heiligen bezieht. Wichtig ist „die allgemein sakrosankte Verbürgtheit.“[241] Man kann davon aus-

[235] Vgl. Martin Scharfe: *Über die Religion.* Köln 2004, S. 128.

[236] Angenendt: *Heilige und Reliquien*, S. 22.

[237] Schulz: *Wiederherstellung der Ordnung*, S. 287.

[238] Vgl. Angenendt: *Heilige und Reliquien*, S. 22.

[239] Schulz: *Beschwörungen im Mittelalter*, S. 9.

[240] Ebd.

[241] Ebd.

gehen, dass die Geschichten aus der Bibel und auch die Heiligenviten – zumindest im Mittelalter – von allgemeiner Bekanntheit waren.[242] Es war im Mittelalter nicht unüblich, dass „die Taten der Heiligen von umherziehenden Troubadors, Trouvères, Spielleuten und Minstrels besungen wurden."[243] Deswegen kann man davon sprechen, dass die *historiola* „Intertextualismen"[244] aufweist.

Texte mit *historiola*, seien sie nun christlich oder polytheistisch, „beziehen ihren magischen Wirkanspruch vor allem aus dem Bezug auf eine göttliche Macht und deren Wirken in illo tempore [...]."[245] Um die Bedeutung des *in illo tempore* zu erklären, bedarf es zunächst einer Erklärung des *Mythos*. Zuvor wurde schon erwähnt, dass die Weltsicht „des archaischen Menschen", also dem, der Magie in der Praxis anwendet, auf dem *Mythos* aufbaut.[246] Für diesen Menschen ist der *Mythos* erzählte Wirklichkeit:[247] „Sie [die Mythen] offenbaren *wahre* Geschichten, beziehen sich auf *Wirklichkeit*."[248] Indem der Mensch den *Mythos*, die

---

[242] Vgl. Peter Dinzelbacher: „Heiligkeit als historische Variable". In: Peter Dinzelbacher / Dieter R. Bauer (Hg.): *Heiligenverehrung in Geschichte und Gegenwart*. Ostfildern 1990. S. 10–18, hier: S. 14.

[243] Ebd.

[244] Naiditch: „Erzählstruktur", S. 187.

[245] Schulz: *Wiederherstellung der Ordnung*, S. 286.

[246] Vgl. Eliade: *Mythen*, S. 19.

[247] Vgl. ebd., S. 11.

[248] Ebd., S. 12.

Handlung eines „Gott[es] oder Kultheros“[249] wiederholt, sorgt er für den „Einbruch des Heiligen in die Welt.“[250] Oft schildert die *historiola* einen *Mythos*, in dem ein „uralte[s] Modell eines Aufeinandertreffens von guten und bösen Mächten“ wiederholt wird.[251] Der Gott stellt sich beispielhaft bösen Kräften. So wird der *Mythos*, indem er „das Dasein und Wirken übermenschlicher Wesen offenbart, die sich in *vorbildhafter Weise* verhalten […], Modell für die ‚ganze Welt‘.“[252] Der Zauberspruch oder die Beschwörung mit *historiola* weckt „Hoffnung auf eine zu jeder Zeit möglichen Wiederholung.“[253] Indem die Worte der Beschwörung gesprochen werden, die *in illo tempore* gesprochen wurden, tritt der Zaubernde in die „Segenszeit“[254] ein, eine Zeit, die „nicht an der Zeitlichkeit teilhat.“[255] Hier ist das Wunder oder die magische Heilung jederzeit wiederholbar.[256] Es ist so, dass „die Einführung des mythologischen Geschehens und der mythologischen Zeit […] im Text durch die ganze grammatisch-semantische Form der ersten Zeile“[257] erfolgt. Ein Bei-

[249] Ebd.

[250] Ebd.

[251] Schulz: *Wiederherstellung der Ordnung*, S. 303.

[252] Eliade: *Mythen*, S. 13.

[253] Schulz: *Wiederherstellung der Ordnung*, S. 303.

[254] Naiditch: „Erzählstruktur“, S. 178.

[255] Eliade: *Mythen*, S. 13.

[256] Vgl. ebd.

[257] Naiditch: „Erzählstruktur“, S. 178.

spiel dafür wäre der Trierer Spruch mit folgender Eingangsformel: „Quam Krist endi sancte Stephan zi ther burg zi Saloniun: thar uuarth sancte Stephanes hros entphangan.“[258] Diese Eingangsformel nimmt Bezug auf eine Reise, die Christus mit dem heiligen Stephan unternimmt und bei der das Pferd irgendwann zu Schaden kommt. Diese beispielhafte Heilung ist im Zauberspruch „eine Fusion von Vergangenheit und Zukunft.“[259]

Die magische Heilung ist gleichzeitig auch eine „Wiederherstellung der Ordnung.“[260] Da „Kranksein [...] ursprünglich [...] mit Unordnung bzw. Unheil [gleichgesetzt wurde]“,[261] stellte man mit der Heilung des Patienten auch gleichzeitig die göttliche Ordnung wieder her. Mit der Heilung wird „Chaos“ beispielhaft in „Kosmos“ verwandelt.[262] Dies erfolgt, wie schon erwähnt, mit einem Bezug auf eine heilige Geschichte, in der die Ordnung schon *in illo tempore* wiederhergestellt wurde. Gesundheit ist also „nicht nur körperliche Heilheit, sondern auch ein kosmisch verstandenes Heil.“[263] Das „ahd. heilan kann als ‚heilen‘ [aber auch]

---

[258] „Es kam Christus und der heilige Stephan in die Stadt Jerusalem: Da wurde das Pferd des heiligen Stephan verfangen.“ von Steinmeyer (Hg.): *Sprachdenkmäler*, S. 367.

[259] Schulz: *Wiederherstellung der Ordnung*, S. 287.

[260] Ebd., S. 379.

[261] Ebd., S. 291.

[262] Vgl. Eliade: *Mythen*, S. 15.

[263] Schulz: *Wiederherstellung der Ordnung*, S. 291.

‚erlösen'" übersetzt werden.[264] Die sprachliche Nähe zu den Bezeichnung Christi als „Heiland" oder „Erlöser" ist nicht zufällig.[265]

Ein Zauberspruch mit *historiola* ist demütiger als eine Beschwörung, da sich „das Ich des Sprechers aus dem Zauberspruch [zurückzieht]."[266] Das bedeutet, dass an die Stelle des Ichs „eine göttliche oder heilige Macht tritt",[267] die an die Stelle des Zaubernden tritt. Sie „beschwört […], segnet und gibt Anweisungen."[268] Die „subjektive[n] Formen des Zauberspruchs"[269], die Beschwörungsformeln, werden „ins Objektive transportiert, indem sie vom Sprecher einer objektiven Macht in den Mund gelegt werden."[270] Der Zaubernde schätzt also seine Kräfte geringer als die der Gottheit ein und er „spielt nur noch die Rolle eines Vermittlers."[271]

Der Vermittler hat dabei folgende Funktion:

> [E]in analoges Geschehen überträgt er aus der Vergangenheit in die Gegenwart und aus dem übermenschlichen wieder in den menschlichen Bereich, indem er dieses analoge Geschehen erzählt.[272]

---

[264] Ebd.

[265] Vgl. Schmidt: *Geschichte der deutschen Sprache*, S. 80.

[266] Hampp: *Beschwörung*, S. 175.

[267] Ebd.

[268] Ebd.

[269] Ebd., S. 176.

[270] Ebd., S. 175.

[271] Ebd.

[272] Ebd.

Die Gottheit selbst wirkt in der *historiola*. Der „Wirkanspruch" des Zaubers „[erfährt] eine ungeheure Potenzierung",[273] da es nicht der Zaubernde ist, der in ihm wirkt, „sondern die Gottheit selbst."[274]

Nach Hampp sind der „Begegnungstyp und [der] Wanderschaftstyp" die Haupttypen in der *historiola*.[275]

5.2.1 Der Begegnungstypus

Der Begegnungstyp der *historiola* schildert, wie schon der Name andeutet, eine Begegnung. Einer der Akteure in der kleinen Geschichte ist die Krankheit, die zum Beispiel „als Krankheitsdämon auftritt",[276] ein anderer kann die durch sie erkrankte Person sein.[277] Die anderen Akteure sind „göttliche oder heilige Personen."[278] Im narrativen Teil des Zauberspruchs kann es „maximal drei Helden"[279] einer Funktionsgruppe geben: den Leidenden, den Heilenden oder den Schadenden. Die Anzahl der Akteure kann hier variieren.[280]

Der Begegnungstyp lässt sich in drei Gruppen unterscheiden: erstens „die Begegnung der hilfreichen Macht mit dem Krankheitsdämon", zweitens „die

[273] Schulz: *Wiederherstellung der Ordnung*, S. 290.

[274] Ebd.

[275] Hampp: *Beschwörung*, S. 175.

[276] Ebd.

[277] Vgl. ebd.

[278] Schulz: *Wiederherstellung der Ordnung*, S. 291.

[279] Naiditch: „Erzählstruktur", S. 172.

[280] Vgl. ebd.

Begegnung der hilfreichen Macht mit dem Kranken", drittens „die Begegnung zweier hilfreicher Mächte."[281]

Beim Begegnungstyp, in dem die personifizierte Krankheit auf den Heilenden trifft, beruht der „narrative Teil auf einem Zusammenspiel zwischen dem Heilenden und dem Schadenden."[282] Es entsteht ein kleiner Dialog, der szenisch arrangiert ist und der „sehr formelhaft gehalten"[283] wird und der an Dialoge im Märchen erinnert.[284] Auffällig ist auch „die Stereotypie von Begegnung, Frage und Schadensabsicht." Ein Beispiel ist ein Spruch gegen Migräne. Jesus trifft auf die personifizierte Migräne und fragt sie: „Wohin gehst du, Schädelschmerz [...]?"[285] Die Krankheit antwortet: „Wir gehen uns niederzulassen, in das Haupt des Gottesknechtes N.N."[286] Jesus zwingt die Krankheit daraufhin durch die gesprochene Beschwörung,[287] sich ein anderes Ziel zu suchen: „Siehe, ziehe nicht zu meinem Diener, sondern fliehet und ziehet in die wilden Berge, in einem Stierkopf laßt euch nieder! [...]"[288] Diese „performative Prohibitivformel"[289] und das „Wegschi-

[281] Hampp: *Beschwörung*, S. 175.

[282] Naiditch: „Erzählstruktur", S. 173.

[283] Ebd, S. 180.

[284] Schulz: *Wiederherstellung der Ordnung*, S. 295.

[285] Weinreich: „Unheilbannung", S. 293f.; zit. nach: Hampp: *Beschwörung*, S. 177.

[286] Ebd.

[287] Vgl. ebd., S. 180.

[288] Ebd., S. 177.

[289] Naiditch: „Erzählstruktur", S. 181.

cken des Schadenden“[290] an einen Ort, an dem er keinen Schaden anrichten kann, ist typisch für diese Art der narrativen Erzählung.[291] Dies erinnert an den von Jesus durchgeführten Exorzismus, in dem er Dämonen in Schweine bannt.[292]

Diese Art des Spruchs ist in drei Teile aufgeteilt: In der Einleitung werden die guten und die bösen Mächte während ihrer Begegnung mit Namen vorgestellt. Der Mittelteil beinhaltet den Dialog. Hier werden die Zerstörungen aufgezählt, die der Krankheitsdämon im menschlichen Körper hervorrufen möchte. Drittens wird ein Verbot, dies zu tun, und eine Verbannung ausgesprochen. Dies geschieht in beschwörender Form.[293]

Die zweite Gruppe des Begegnungstyps ist „die Begegnung der hilfreichen Macht mit dem Kranken.“[294]

Ein Beispiel dafür ist ein Spruch aus dem 9. Jahrhundert:

Supras petras Helena sedebat,
frigulas penas patebat (patiebatur)
Sic superuenit Sancta Maria:
„Quid tibi est, Helena?“

---

[290] Ebd., S. 172.

[291] Vgl. ebd., S. 181.

[292] Vgl. Mk 5,9.

[293] Vgl. Hampp: *Beschwörung*, S. 182.

[294] Ebd.

> *„Domina, iam patior penas.“*
> *„Adjuro vos frigulor etc.“*[295]

> Auf einem Felsen da saß die Helena,
> und sie litt an einer Verkühlung.
> Da erschien plötzlich die Heilige Maria:
> „Was hast du, Helena?“
> „Herrin, ich habe gerade eine Beschwerde.“
> „Ich beschwöre Euch, Kältedämon etc.“[296]

In dieser Version wird nicht der Krankheitsdämon, sondern der Patient selbst angesprochen. Helena sitzt auf einem Felsen und leidet unter einer Beschwerde. Daraufhin kommt die heilige Mutter Gottes und erkundigt sich nach ihrem Befinden. Auch hier ist die Anrede „*Quid tibi est?*“ formelhaft.[297]

Der Aufbau ist erneut dreiteilig. In der Einleitung treffen eine göttliche Macht und der leidende Heilige aufeinander. Der Heilige steht stellvertretend für den leidenden Menschen. Im Mittelteil kommt es zu einem Dialog, in dem die göttliche Macht erfragt, was dem Leidenden fehle. Der Schlussteil besteht aus dem Mitteilen einer Heilmethode. Dies kann „a)

---

[295] Ferdinand Ohrt: „Über Alter und Ursprung der Begegnungssegen“. In: *Hessische Blätter für Volkskunde* (1936), H. 35. S. 49–58, hier: S. 50; zit. nach Hampp: *Beschwörung*, S. 183.

[296] Eigene Übersetzung.

[297] Vgl. Hampp: *Beschwörung*, S. 183.

eine Beschwörung, b) ein Segen, c) eine Kuranweisung" sein.[298]

Die dritte Variante des Begegnungstypus ist der „Drei gute Brüder-Segen"[299]:

Tres boni fratres per unam uiam ambulabant.
Et obuiauit eis dominus noster Jesus Christus et interrogauit eos dicens:
„tres boni fratres, quo itis?"
Et dixerunt: „domine, nos imus ad montem olíueti colliegere he(r) bas plagationis et percussi(n)is."
Dixit eis dom. nr. J. Christus:
„… iurate mihi per crucifixum et per lac beate Marie,
ut non in abscondito dicatis nec merce(dem) accipiatis,
et accipite oleum olive et lanam ouis et mitite ad plagam etc.'"[300]

Drei gute Brüder spazierten einen Weg entlang.
Und es kam ihnen unser Herr Jesus Chrisus entgegen und fragte sie:
„Ihr drei Brüder, wohin geht ihr?"
Und sie sagten: „Herr, wir gehen zum Berg, um Oliven zu sammeln, gegen Wunden und Prellungen."
Und der Herr Jesus Christus sagte zu ihnen:
„… schwört mir beim Kreuz und bei der Milch der heiligen Maria, dass ihr es nicht heimlich

---

[298] Ebd., S. 196.

[299] Vgl. ebd., S. 197.

[300] Ohrt: „Begegnungssegen", S. 51; zit. nach Hampp: *Beschwörung*, S. 197f.

> weitersagt oder einen Lohn dafür annehmt. Nehmt etwas Olivenöl und Schafswolle und legt es auf die Wunde etc."[301]

Hier zeigt sich erneut die Dreiteilung. Erstens die Begegnung der drei guten Brüder mit Jesus Christus, zweitens der Dialog, in dem das Anliegen der drei Brüder, eine Heilmethode zu finden, berichtet wird. Jesus nimmt den Brüdern das Versprechen ab, das Wissen um die Heilmethode zu bewahren und kein Geld für die Heilung Kranker anzunehmen.[302] Den Abschluss bildet „a) eine Kuranweisung [oder] b) [eine] Anweisung für einen Zauberspruch".[303]

5.2.2 Der Wanderschaftstypus

Der Wanderschaftstypus zeichnet sich dadurch aus, dass „göttliche[...] oder heilige Gegenmächte" während einer Wanderschaft handeln.[304] Die Handlung, nicht der Dialog, ist „das magisch entscheidende Moment."[305]

Hampp unterscheidet zwischen verschiedenen Sorten des Wanderschaftstypus. Sie nennt beispielsweise den „Drei Frauen-Segen."[306] Darüber

[301] Eigene Übersetzung.

[302] Vgl. Hampp: *Beschwörung*, S. 199.

[303] Ebd.

[304] Ebd., S. 216.

[305] Ebd.

[306] Vgl. Hampp: *Beschwörung*, S. 217ff.

hinaus gibt es noch den „Feuer- und Brandsegen“[307], den „Lorenzsegen“[308], den Segen vom „Wurmacker“[309] und den „Segen mit dem Streitmotiv“.[310] Darüber hinaus gibt es noch die Segen, die dem Typ des zweiten Merseburger Zauberspruchs entsprechen.[311] Auf diese wird in Kapitel 8 noch eingehender eingegangen werden.

An dieser Stelle noch ein Beispiel für den Wanderschaftstypus:

> Es gingen drei heilige Frauen waschen,
> Die eine klopft,
> Die andre schält,
> Die dritte löscht das Feuer aus.[312]

Die „Drei Frauen- Segen“ bestehen immer aus drei Zeilen, die letzte ist die Zeile, die die magische Wirkung auslöst.[313] In diesem Falle ist keine Beschwörungsformel vorhanden.

---

[307] Vgl. ebd., S. 234ff.

[308] Vgl. ebd., S. 238.

[309] Vgl. ebd., S. 241.

[310] Vgl. ebd., S. 243.

[311] Vgl. ebd., S. 247ff.

[312] Hermann Frischbier: *Hexenspruch und Zauberbann. Ein Beitrag zur Geschichte des Aberglaubens in der Provinz Preußen*. Berlin 1870, S. 48; zit. nach Hampp: *Beschwörung*, S. 219.

[313] Vgl. ebd., S. 223.

6 Althochdeutsche Zaubersprüche und Segen

6.1 Die althochdeutsche Sprache

Um die althochdeutschen Zaubersprüche einzuordnen, muss man zunächst den Begriff *Althochdeutsch* klären. Der Begriff *Althochdeutsch* beinhaltet drei Komponenten: *Alt* bezieht sich auf den zeitlichen Aspekt gegenüber Mittel- und Neuhochdeutsch, die sprachgeschichtliche Zuordnung zum Altgermanischen und auf die Volltonigkeit und den Formenreichtum des Althochdeutschen. Die Komponente *hoch* bezieht sich auf den Raumbegriff. Mit *Hochdeutsch* wird das räumliche Gebiet bezeichnet, in dem sich die zweite Lautverschiebung des 5.– 8. Jahrhunderts ausgebreitet hat. Das heißt, *Hochdeutsch* sind jene Dialekte des Süd- oder Westgermanischen, die Anteil an der zweiten Lautverschiebung haben.[314] *Deutsch* als Sprachbegriff meint kein abgegrenztes sprachliches Gebiet, sondern das langsame Zusammenwachsen der Stammesdialekte der fränkischen Rheinlande, des alemannischen Ober- und Hochrheingebiets, des bairischen und zum Teil auch des österreichischen Donau- und Alpenraumes.[315]

Im Allgemeinen versteht man unter *Althochdeutsch* das frühmittelalterliche Deutsch, das im 6./7. Jahrhundert inschriftlich und das ab dem 8. Jahrhundert bis zum 11. Jahrhundert durch christliche Gelehrte

[314] Vgl. Sonderegger: *Althochdeutsche Sprache*, S. 26f.

[315] Vgl. ebd., S. 28f.

handschriftlich überliefert wurde.[316] Das inschriftlich überlieferte Deutsch ist in 60 Runeninschriften des 5./7. Jahrhunderts und in vereinzelten Wörtern, die sich in mittellateinischen Denkmälern, teils in ursprünglicher, teils in latinisierter Form finden, erhalten.[317]

Die schriftliche Aufzeichnung der deutschen Sprache begann im 8. Jahrhundert. Das *Althochdeutsche* trat so im Frankenreich neben das Lateinische, das die offizielle Sprache der Kirche und der Verwaltung war.[318] Die Förderung der deutschen Sprache war Karl dem Großen ein wichtiges Anliegen. Er ließ kirchliche Texte und Predigten in die deutsche Sprache übersetzen. Darüber hinaus ließ er heimische Heldenlieder sammeln, mit dem Ziel, eine deutsche Grammatik zu schaffen. Die Klöster waren Zentren dieser Bildungsreform.[319]

Der größte Teil der überlieferten althochdeutschen Sprachdenkmäler ist religiösen Inhalts und diente hauptsächlich der Missionierung.[320] Die Einführung einer Volkssprache war wichtig für die Bekehrung der heidnischen Bevölkerung. In der frühen Kirche galten das Hebräische, das Griechische und das Lateinische als *linguae sacrae*.[321] Solange die

---

[316] Vgl. ebd., S. 3.

[317] Vgl. Schmidt: *Geschichte der deutschen Sprache*, S. 68.

[318] Vgl. ebd., S. 70.

[319] Vgl. Neiske: *Europa*, S. 31.

[320] Vgl. Schmidt: *Geschichte der deutschen Sprache*, S. 70.

[321] Vgl. Klaus Schulte: *Von frommen Wörtern und frühen Göttern*. Stuttgart 1993, S. 18f.

christlichen Priester ihre Lehren in einem Sprachraum verkündeten, in dem diese Sprachen verstanden wurden, gab es keine Kommunikationsprobleme. Im germanischen Raum wurden diese Sprachen, abgesehen vom höheren Klerus, nicht gesprochen.[322] Der Übergang zur Volkssprache war ideologisch umstritten. Er wurde als erstes in Irland und dann bei den Angelsachsen vollzogen. Auf dem Kontinent brachte die Synode von Frankfurt den Durchbruch für den Gebrauch der Volkssprache in kirchlichen Belangen.[323] Man einigte sich darauf, dass man Gott in allen Sprachen anbeten könne. Zwanzig Jahre später wird der Beschluss der Frankfurter Synode von Tours, Reims und Mainz erneut diskutiert, wobei man zu dem Ergebnis kommt, dass der Gebrauch der Volkssprache nicht nur für das Volk, sondern auch für die Priester wichtig sei, denn diese sollten die Inhalte verstehen, die sie predigten.[324]

Die ersten Aufzeichnungen in deutscher Sprache sind in erster Linie Übersetzungen und eigene Dichtungen von Mönchen und Klerikern, die sie in Klöstern und geistlichen Schreibstuben erstellten. Es waren zu dieser Zeit noch wenige Orte, an denen Literatur aufgezeichnet wurde: Im bairischen Sprachraum waren es der Bischofssitz Regensburg, Freising, Salzburg und die Klöster Tegernsee und Monsee. Im alemannischen waren es

[322] Vgl. ebd., S. 19.

[323] Vgl. Kartschoke: *Geschichte Literatur*, S. 74.

[324] Ebd., S. 75.

die Klöster St. Gallen, Reichenau und Murbach, im ostfränkischen die Bischofssitze Würzburg und Bamberg. Im rheinfränkischen sind noch der Bischofssitz Mainz und die Klöster Weißenburg, Lorsch und Fulda sowie im mittelfränkischen die Bischofssitze Trier, Köln, Aachen und das Kloster Echternach zu nennen.[325] Jede dieser Schreibstuben hatte eine eigene sprachliche Norm und jeder der Schreiber hatte auch eigene sprachliche Eigenheiten.[326] Es gab unterschiedliche Dialekte und Mundarten, da das *Althochdeutsche* schrittweise aus den Stammesdialekten der Franken, Thüringer, Bayern, Alemannen und Langobarden erwachsen ist.[327] Es ist schwierig, die verschiedenen Dialekte geographisch zuzuordnen, da Klöster nicht unbedingt den Dialekt der Region, in der sie angesiedelt waren, sprachen. Das Kloster Fulda zum Beispiel lag im rheinfränkischen Gebiet, wurde aber als ostfränkische Gründung angelegt. So schrieben die Mönche in ostfränkischer Mundart, aber es wurde auch in Altsächsisch geschrieben.[328]

6.2 Sprachliche Übertragung christlicher Inhalte

Die Übertragung christlicher Inhalte in die althochdeutsche Sprache stellt die Autoren althochdeutscher Literatur vor Herausforderungen. Schreiber sagt hierzu: „Übersetzen heißt, einen Text für ein anderes

---

[325] Vgl. Schmidt: *Geschichte der deutschen Sprache*, S. 70.

[326] Vgl. ebd.

[327] Vgl. Sonderegger: *Althochdeutsche Sprache*, S. 1.

[328] Vgl. Schmidt: *Geschichte der deutschen Sprache*, S. 70.

Volk verständlich zu machen."[329] Dies gelingt „relativ einfach bei Völkern gleicher Kulturstufen und gleichen Lebensraums",[330] doch die Mentalität der germanischen Stämme unterschied sich durch jahrhundertelange Traditionen von der Denkweise des Christentums. Besonders muss die andersartige Auffassung von Ethik erwähnt werden. Loyalität war der Germane nur der eigenen Sippe schuldig.[331] Diese war der Lebensmittelpunkt des Germanen.

Der Ausschluss aus der Sippe „is equivalent to death."[332] Dies hatte auch in Bezug auf die christliche Mission Folgen: Der friesische Herzog Radbod lehnte die Taufe ab, da er durch sie die Verbindung zu seinen Ahnen getrennt hätte.[333] Jeder, der nicht zu dieser Gemeinschaft gehörte war „Feind; dazu gehört auch der ‚Unfreie', der von seinem Herrn oder dessen Verwandten bußlos erschlagen werden kann [...]."[334]

Ehre und *Heil* und nicht „Glaubenszeugnis [und] Sozialengagement"[335] waren die Grundpfeiler der ger-

---

[329] Hermann Schreiber: *Wie die Deutschen Christen wurden*. Bergisch Gladbach 1984, S. 20.

[330] Ebd.

[331] Vgl. Hasenfratz: *Die religiöse Welt*, S. 46.

[332] Prisca Augustyn: *The semiotics of fate, death, and the soul in germananic culture: the Christianization of Old Saxon*. New York 2002, S. 27.

[333] Vgl. Neiske: *Europa*, S. 93.

[334] Hasenfratz: *Die religiöse Welt*, S. 46; vgl. auch Lutz von Padberg: *Die Christianisierung Europas im Mittelalter.* Stuttgart 1998, S. 40f.

[335] Angenendt: *Heilige und Reliquien*, S. 27.

manischen Gesellschaft.[336] Ehre und *Heil* waren untrennbar miteinander verknüpft. Ehre zu haben, bedeutete, *Heil* zu besitzen. Wurde die Ehre verletzt, ging dies mit einem Verlust von *Heil* einher, das nur durch Rache wieder zu erlangen war.[337] Der Ehrverlust war für den Germanen eine gravierende Angelegenheit, denn „Ehre [war] nicht etwas, was er zur Not entbehren" konnte.[338] Padberg schildert die Bedeutung „des persönlichen Gewissen[s]"[339] hingegen als nicht existent.[340]

Das *Heil* hat als zentraler Begriff des germanischen Geisteslebens natürlich auch eine metaphysische Ebene: „Das Heil bewirkt jeden Fortschritt. Wo es fehlt, siecht das Leben dahin. Es scheint die stärkste Macht der Welt zu sein, die Lebenskraft selbst."[341]

Dieser Begriff als Kern des Wesens des germanischen Lebensgefühls wurde seiner heidnisch-religiösen Bedeutung entkleidet und in Wörter wie „heili" (Heil, Seligkeit, Wohl, Gesundheit) oder „heilag" (heilig) umgedeutet. Die Begriffe *heilig* und *Heiligkeit* gehen „auf altnordisch heilagr"[342] zurück.

---

[336] Vgl. von Padberg: *Christianisierung*, S. 41.

[337] Vgl. ebd.

[338] Grönbech: *Kultur und Religion*, S. 81f.

[339] von Padberg: *Christianisierung*, S. 41.

[340] Vgl. ebd.

[341] Grönbech: *Kultur und Religion*, S. 135.

[342] Günther Lanczkowski: „Heiligenverehrung in nichtchristlichen Religionen". In: Peter Dinzelbacher / Dieter R. Bauer (Hg.): *Heiligenverehrung in Geschichte und Gegenwart*. Ostfildern 1990. S. 18–26, hier: S. 18.

Auch andere Begriffe wurden umgedeutet.[343] Der Wortbestand des Religiösen veränderte sich unter christlichem Einfluss. Heidnische Wörter wie „alah“ (Tempel) verschwanden. Das Wort „wîh“ (Heiligtum, Hain, Tempel)[344] besteht noch heute in der christlichen Umdeutung *heilig* weiter. Unser heutiges Wort „Weihnachten“, althochdeutsch „ze den wîhen nahten“,[345] hat hier seinen Ursprung.[346] In dem Wort „weihen“ hat sich „wîh“ bis heute erhalten.[347]

Nichtchristliche religiöse Begriffe, die nicht umgedeutet wurden, wurden buchstäblich „verteufelt“.

Das althochdeutsche „hella“ bedeutet zunächst einmal „das Verbergende, Verborgene“.[348] In der germanischen Religion war „Hel“ nicht die Hölle, die sie im christlichen Sinne war: „Hel […] was not a place of punishment in Germanic religion, but rather a place where the dead vegetate without contact to their families.“[349] Da „Hel“ für die Germanen der unattraktivste Platz für das Leben nach dem Tod war, eignete er sich gut für eine christliche Uminterpretation.[350]

---

343 Vgl. Schmidt: *Geschichte der deutschen Sprache*, S. 80.

344 Vgl. Martin Fuß: *Die religiöse Lexik des Althochdeutschen und Altsächsischen*. Frankfurt am Main 2000, S. 158.

345 Schmidt: *Geschichte der deutschen Sprache*, S. 82.

346 Vgl. ebd.

347 Lanczkowski: „Heiligenverehrung“, S. 19.

348 Vgl. Schmidt: *Geschichte der deutschen Sprache*, S. 81.

349 Augustyn: *The semiotics*, S. 30.

350 Vgl. ebd.

Unattraktiv deswegen, denn „whoever dies of old age or disease“[351] and „women go to Hel.“[352] Das germanische Leben nach dem Tod unterschied sich grundlegend von der christlichen Auffassung, da das Leben nach dem Tod nicht vom ethischen Verhalten, sondern vom sozialen Status, dem Geschlecht und der Art des Todes abhing.[353] Das Christentum hingegen versprach ein Weiterleben nach dem Tod, das nicht abhängig von Todesart oder gesellschaftlichem Stand war, sondern sich durch das Verhalten im Diesseits entschied.[354]

Wie das Wort „Hel“ unterlagen auch andere germanische Wörter einer christlichen Umdeutung. Deswegen ist das *Althochdeutsche* eine Sprache, an der der Wandel von einer germanisch geprägten Gesellschaft zu einer christlichen Gesellschaft beobachtet werden kann.

Kartschoke nennt hier den Begriff der *Akkommodation*, da es bei der Verbreitung der Heilsbotschaft nicht darum ging, die christliche Botschaft zu „germanisieren“, sondern um eine *interpretatio christiana* der germanischen Bildungs- und Vorstellungswelt.[355]

---

[351] Ebd.

[352] Ebd.

[353] Vgl. ebd.

[354] Vgl. Neiske: *Europa*, S. 62.

[355] Vgl. Kartschoke: *Geschichte Literatur*, S. 44.

6.3 Die althochdeutschen Zaubersprüche

Die Zaubersprüche, die in der Zeit zwischen dem 9. und bis zum Ende des 11. Jahrhunderts aufgezeichnet worden sind, bezeichnet man als althochdeutsche Zaubersprüche.[356]

Es sind nicht viele Zaubersprüche der althochdeutschen Zeit überliefert. Die althochdeutschen, aber auch altsächsischen Zaubersprüche beschränken sich hauptsächlich auf die Heilung von Mensch und Tier sowie auf das Abwenden von Unheil von Haus und Hof. Abweichungen kommen nur im Ausnahmefall vor.[357] Die Ursache dafür wird in Kapitel 10 noch erläutert werden.

Die in althochdeutscher Sprache überlieferten Texte decken folgende Bereiche ab:

Mit der Gesundheit und Unversehrtheit der Tiere, die im bäuerlichen Alltag wichtig sind, befassen sich der *Wiener Hundesegen*[358], *Lorscher Bienensegen*[359], *Trierer Pferdesegen* oder auch *Incantatio contra equorum egritudinem quam nos dicimus spurihalz*[360] und der *Wurmsegen.*[361] Der *zweite Merseburger Zauberspruch* kann als Segen für Tiere verstanden werden, da es ein Pferd ist, das geheilt wird.[362]

---

[356] Vgl. Sonderegger: *Althochdeutsche Sprache*, S. 1ff.

[357] Vgl. Kartschoke: *Geschichte Literatur*, S. 120f.

[358] Braune / Ebbinghaus: *Lesebuch*, S. 89.

[359] Ebd., S. 89f.

[360] „Beschwörung gegen die Krankheit der Pferde, die wir Spurihalz nennen“ Ebd., S. 92.

[361] Ebd., S. 90.

[362] Vgl. ebd., S. 89.

Der *erste Merseburger Zauberspruch* ist ein Zauber, der Fesseln lösen soll.[363] Er sticht aus der Sammlung der althochdeutschen Texte heraus, da er kein expliziter Heilzauber ist.

Gegen blutende Wunden sollen der *Strassburger Blutsegen* a, b, und c[364], der *Bamberger Blutsegen* a und b[365] sowie *Ad catarrum dic*[366] helfen.

Gegen Fallsucht soll der Zauberspruch *Contra caducum morbum*[367] eingesetzt werden. Des Weiteren gehören noch der *Augensegen*[368] und der Spruch *Gegen Halsentzündung*[369] zum Bereich der Heilsprüche.

Außerdem sind Segen für das Haus und für die Reise überliefert: Die *Hausbesegnung*[370] und der *Weingartner Reisesegen*[371] gehören zum Kanon der althochdeutschen Zauber- und Segenssprüche.

6.4 Auseinandersetzung mit der Umwelt des Frühmittelalters

Die meisten der überlieferten Segensformeln sind dem Bereich der Heilkunde zuzuordnen. Die Menschen des frühen Mittelalters waren Krankheit und Tod

[363] Vgl. ebd.

[364] Ebd., S. 90.

[365] Ebd., S. 90f.

[366] „Gegen Schnupfen“ Ebd., S. 92.

[367] „Gegen die Fallsucht“ Ebd., S. 91f.

[368] von Steinmeyer (Hg.): *Sprachdenkmäler*, S. 386f.

[369] Ebd., S. 387f.

[370] Ebd., S. 389f.

[371] Ebd., S. 397.

mehr ausgeliefert als der heutige Mensch. Die medizinische Versorgung der Ärzte war – gerade für einfache Bauern und Leibeigene – unerschwinglich. Gegen blutende Wunden gab es einige Segenssprüche, zum Beispiel den *Bamberger Blutsegen*:

Crist unte Iudas spíliten mit spîeza. do wart der heiligo Xrist
wnd in sine sîton. Do nâmer den dvmen. unte uordûhta se uorna.
So uerstant du bluod. sóse Iordanis áha uerstunt. do der heiligo
Iohannes den heilanden Crist in íro tovfta. daz dir zo bvza.
Crist wart hien erden wnt.
daz wart da ze himele chunt.
iz neblůtete. noch nesvar.
noch nechein eiter nebar.
taz was ein file gote stunte.
heil sis tu wnte!
In nomine Ihesu Christi. daz dir ze bvze. Pater noster. ter.
Et addens hoc item ter. Ich besuere dich bi den heiligen funf
(Hs. fûf) wnten. heil sis tu wnde. et Per patrem. Et filium. et
spiritum sanctum. fiat. fiat. amen.[372]

Christus und Judas kämpften mit Speeren. Da verwundete sich der heilige Christus an seiner Seite. Da nahm er seinen Daumen und verdeckte sie vorne, so stoppte das Blut, wie die Strömung des Jordans stoppte, als der heilige Johannes den erlösenden Christus in ihm taufe. Das soll dir Besserung verschaffen.

[372] Ebd., S. 377.

> Christus wurde hier auf Erden verwundet. Das wurde im Himmel bemerkt. Es blutete und schmerzte nicht, auch kein Eiter trat hervor. Das war ein sehr heilbringendes Ereignis. Heilen sollst du, Wunde!
> Im Namen Jesu Christi, das soll dir Besserung verschaffen: Dreimal das Vaterunser, wobei du eben dies dreimal hinzufügst: Ich beschwöre dich bei den heiligen fünf Wunden: Heilen sollst du Wunde! Und beim Vater, dem Sohn und dem heiligen Geist soll es geschehen! Es soll geschehen! Amen.[373]

Die Krankheitsvorstellung des frühen Mittelalters war auch derart, dass man Krankheitsdämonen, die die Gestalt von Würmern hatten, für viele Erkrankungen verantwortlich machte. Die Vorstellung dieser Krankheitsdämonen hatte ihren Ursprung in empirischen Beobachtungen. Würmer konnten in Wunden und Geschwüren und in totem Fleisch beobachtet werden. In Umkehrung der Kausalität sah man in ihnen die Krankheitsursache.[374] Im frühen Mittelalter hatten die Würmer noch dämonischen Charakter.[375] Die Zaubersprüche *Pro Nessia* und *Contra Vermes* sind die Spruchvarianten, die aus althochdeutscher Zeit (9. Jahrhundert) überliefert sind.[376] Hier der Zauberspruch *Pro Nessia*:

---

[373] Übersetzung nach http://www.trierer-handschriften.de.

[374] Vgl. Hampp: *Beschwörung*, S. 63f.

[375] Vgl. ebd., S. 69.

[376] Vgl. Braune / Ebbinghaus: *Lesebuch*, S. 90.

Gang uz, Nesso, mit niun nessinchilinon,
uz fonna marge in deo adra, vonna den adrun in daz fleisk,
fonna demu fleiske in daz fel, fonna demo velle in diz tulli.
Ter pater noster.[377]

Geh hinaus Nesso, mit neun Nessokindern,
von dem Mark in die Adern, von den Adern in das Fleisch,
von dem Fleisch in das Fell, von dem Fell in diese Spitze.
Drei Vaterunser.[378]

Der mittelalterliche Mensch sah aber nicht nur in Dämonen, sondern auch in magieanwendenden Menschen eine Ursache von Krankheiten.[379]

Als eine weitere Ursache von Krankheit wurde im Mittelalter „eine Abweichung vom normalen Weg" gesehen.[380] Krankheit war auch eine Strafe Gottes für begangene Sünden. In einem der seltenen *Codices* des Frühmittelalters, dem *Lorscher Arzneibuch*, findet sich die Anmerkung, dass nur die Krankheiten geheilt werden könnten, die körperliche Ursachen haben. Bei Krankheiten, die Sündern zur Läuterung geschickt würden, sei die Medizin machtlos.[381] Der Zauberspruch blendet

[377] Vgl. ebd.

[378] Übersetzung nach Stephan Müller: *Althochdeutsche Literatur – Eine kommentierte Anthologie*. Stuttgart 2007, S. 271.

[379] Georg Buschan: *Über Medizinzauber und Heilkunst im Leben der Völker. Geschichte der Urheilkunde, ihrer Entwicklung und Ausstrahlung bis in die Gegenwart*. Berlin 1941, S. 49f.

[380] Neiske: *Europa*, S. 59.

[381] Vgl. ebd., S. 59f.

„die Auffassung von der Krankheit als Strafe Gottes" aus,[382] da es eine zu große Anmaßung sei, Gott selbst auszutreiben oder ihm Schaden zuzufügen.[383] Der Zaubernde versucht zwar „Gott seinem Willen zu unterwerfen, aber niemals strebt er seine Vernichtung an."[384]

Der größte Teil der Menschen im frühen Mittelalter waren Bauern, die in kleinen Dorfgemeinschaften lebten, die häufig zu einem Grundherrn gehörten. Der Ernteertrag war in dieser Zeit gering, kaum das Dreifache der Aussaat. Witterungsbedingte Missernten waren häufig.[385] Ergänzt wurde der Ackerbau durch die Viehzucht, die im germanischen Kulturkreis stets eine große Rolle gespielt hatte.[386] Hampp beschreibt, dass Mensch und Tier gleichermaßen von Krankheiten betroffen gewesen sind und dass der Bauer „seine Haustiere wie seinesgleichen"[387] behandelte. Deswegen ließ er ihnen auch die gleichen Heilmethoden zukommen.[388] Auch kleine Tiere wie Bienen gehörten zum Lebensbereich des Menschen. Diese waren, gerade während der Zeit des Schwärmens, nicht immer berechenbar, was der *Lorscher Bienensegen* zeigt:

---

[382] Hampp: *Beschwörung*, S. 58.

[383] Vgl. ebd., S. 58f.

[384] Ebd., S. 59.

[385] Vgl. Neiske: *Europa*, S. 22.

[386] Vgl. ebd., S. 168; vgl. Tac. *Germ.* 5.

[387] Hampp: *Beschwörung*, S. 27.

[388] Vgl. ebd.

Kirst, imbi ist hucze! nu fluic du, vihu minaz, hera
fridu frono in godes munt heim zi comonne gisunt.
sizi, sizi, bina: inbot dir sancta Maria.
hurolob ni habe du: zi holze ni fluc du,
noh du mir nindrinnes, noh du mir nintuuinnest.
sizi vilo stillo, uuirki godes uuillon.[389]

Christus, der Schwarm ist heraus! Nun flieg du, mein Tier, herbei,
im Frieden des Herrn und mit dem Schutz Gottes komm gesund heim.
Setz dich, setz dich, Biene: Das gebietet dir die heilige Maria.
Erlaubnis hast du keine: In den Wald flieg nicht du,
weder entrinnst du mir, noch entweichst du mir.
Sitz ganz still, führe Gottes Willen aus.[390]

Aber Segnungen, die den Menschen helfen sollten, andere Ängste zu bewältigen, wurden benötigt, denn die Menschen des frühen Mittelalters waren Ängsten ausgesetzt, die unsere Gesellschaft heutzutage in der Form nicht mehr kennt. Gegen Krankheiten und Naturkatastrophen gab es fast keinen Schutz und es bestand die Gefahr, von Räubern oder wilden Tieren angegriffen zu werden.[391] Die Dunkelheit, die in unse-

[389] Braune / Ebbinghaus: *Lesebuch*, S. 89.

[390] Übersetzung nach Müller: *Althochdeutsche Literatur*, S. 275.

[391] Vgl. Peter Dinzelbacher: *Angst im Mittelalter. Teufels-, Todes- und Gotteserfahrung: Mentalitätsgeschichte und Ikonographie*. Paderborn 1996, S. 11.

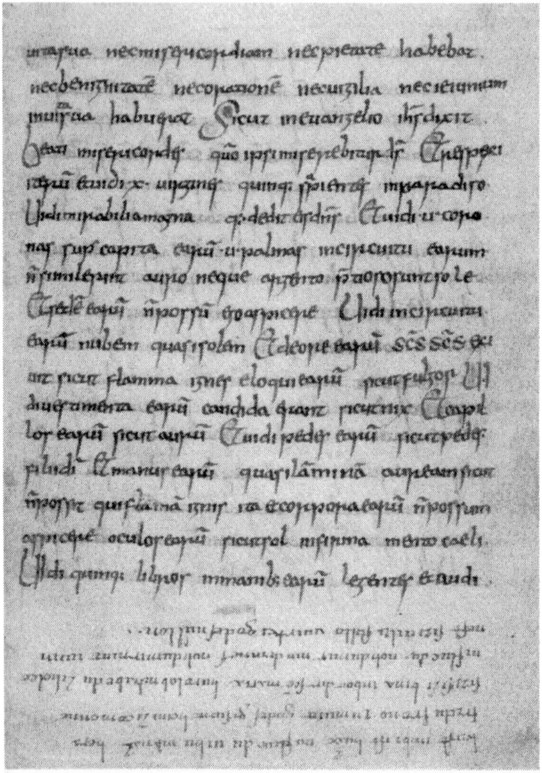

Handschrift *Città del Vaticano, Biblioteca Apostolica Vaticana, Pal. lat. 220, fol. 58r*, unten kopfüber fünfzeilig nachgetragen der Lorscher Bienensegen. Bild unten: Detailansicht.

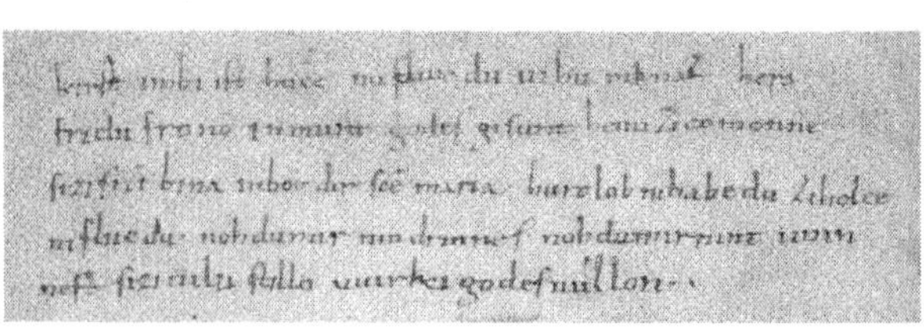

rer modernen Welt ihren Schrecken verloren hat, war für die Menschen des Mittelalters angsteinflößend.[392] Nicht alle Menschen besaßen Lampen und mussten daher abwarten, bis die Sonne wieder aufging. Die Nacht war nicht nur eine Zeit der Erholung, sondern der Furcht, da Diebe und Banditen zu dieser Zeit unterwegs waren. Zudem bestand eine große Furcht vor den Geistern der Toten.[393]

In der Zeit der Karolinger war der Wald die dominierende Vegetationsart. Neben den Wäldern gab es noch Ödlande, Sümpfe und Moore. Zwischen den einzelnen Siedlungen, Städten, Abteien oder Pfalzen konnte man auf Straßen reisen. Dies war allerdings mit Gefahren verbunden: Um von einer Kulturlandschaft zur nächsten zu gelangen, musste man tage- und nächtelang weite Strecken zurücklegen.[394] Deswegen war der Wald für die Menschen ebenfalls ein Ort, der Ängste auslöste. Diese Ängste waren berechtigt, denn die Menschen waren dort den Übergriffen von wilden Tieren und Räubern ausgesetzt und es bestand die Gefahr, sich dort zu verirren.[395]

Die Reise war für den mittelalterlichen Menschen stets eine außerordentliche Begebenheit, die mit

[392] Vgl. ebd., S. 13.

[393] Vgl. Pierre Riché: *Die Welt der Karolinger*. 3. Aufl. Stuttgart 2009, S. 45.

[394] Vgl. ebd., S. 40.

[395] Vgl. Dinzelbacher: *Angst*, S. 13.

> Mühsal und Gefahr verbunden war. Begab man sich auf eine längere Reise, ordnete man seine häuslichen Angelegenheiten und setzte sogar cin Testament auf [...].[396]

Die Menschen versuchten diese Gefahr durch Reisesegen abzumildern. Überliefert ist der *Weingartner Reisesegen*:

> *† In nomine † patris † et filii † et spiritus † sancti †. Ic dir nach sihe, Ic dir nach sendi, mit minin funf fingirin funui undi funfzic engili. Got mit gisundi hein dich gesendi. offin si dir diz sigidor, sami si dir diz seldidor, Bislozin si dir din wagidor, sami si dir diz wafindor.*[397]

> Im Namen des Vaters und des Sohnes und des heiligen Geistes.
> Ich blicke nach dir, ich schicke nach dir mit meinen fünf Fingern fünfundfünfzig Engel. Gott möge dich gesund heimsenden. Offen sei dir die Siegestür, wie sie dir die Glückstür sei. Geschlossen sei dir die Tür des Ungewissen, wie sie dir die Tür der Waffen sei.[398]

Die Tiere des Waldes waren für den mittelalterlichen Menschen, aber auch für sein Vieh gefährlich. Wölfe

---

[396] Erika Dreyer-Eimbcke: *Alte Straßen im Herzen Europas*. Frankfurt am Main 1989, S. 20.

[397] von Steinmeyer (Hg.): *Sprachdenkmäler*, S. 397.

[398] Eigene Übersetzung.

waren während der Karolingerzeit die größte Gefahr.[399] Gegen diese Gefahr wollten die Menschen sich und ihre Hunde mit dem *Wiener Hundesegen* schützen:

> *Christ uuart gaboren er uuolf ode diob. do uuas sancte Marti Christas hirti.*
> *Der heiligo Christ unta sancte Marti der gauuerdo uualten hiuta dero hunto, dero zohono, daz in uuolf noh uulpa za scedin uuerdan nemegi, se uuara se geloufan uualdes ode uueges ode heido.*
> *Der heiligo Christ unta sancte Marti de frumma mir sa hiuto alle hera heim gasunta.*[400]

> Christus wurde geboren, eher als Wolf und Dieb.
> Da war der heilige Martin Hirte Christi.
> Der heilige Christ und der heilige Martin, der ehrwürdige, sie sorgen heute für die Hunde und Hündinnen, damit ihnen weder Wolf noch Wölfin zum Schaden sein können, wo immer sie auch laufen, im Wald oder auf dem Weg oder der Heide.
> Der heilige Christ und der heilige Martin, die mögen bewirken, dass wir heute alle hier gesund heimkommen.[401]

---

[399] Vgl. Riché: *Karolinger*, S. 42.

[400] von Steinmeyer (Hg.): *Sprachdenkmäler*, S. 394.

[401] Übersetzung nach Müller: *Althochdeutsche Literatur*, S. 272.

Im Hundesegen werden die konkreten Gefahrenorte benannt. Wald: Wege und die Heide.[402] Der Wald löste auch irrationalere Ängste aus als die vor wilden Tieren, da er in der Vorstellung der Menschen auch ein Ort war, an dem sich magische Wesen wie zum Beispiel Trolle aufhielten.[403] Im Mittelalter war die Verbannung von Verbrechern in den Wald üblich.[404] Der Wald war ein Ort, an dem soziale Bindungen nicht mehr galten, und auch für Einsiedler war er ein Ort der Abgeschiedenheit.[405]

Viele Ängste und Sorgen des mittelalterlichen Menschen lassen sich aus den Zauber- und Segenssprüchen ableiten, die er gebraucht hat. Die Merseburger Zaubersprüche haben vermutlich als Heilzauber für Mensch und Tier gedient.

---

[402] Braune / Ebbinghaus: *Lesebuch*, S. 89.

[403] Vgl. Dinzelbacher: *Angst*, S. 14.

[404] Karl Weinhold: *Die altdeutschen Verwuenschungsformeln*; zit. nach Hampp: *Beschwörung*, S. 91.

[405] Vgl. Josef Semmler: „Der Wald". In: ders. (Hg.): *Der Wald in Mittelalter und Renaissance.* Düsseldorf 1991. S. 7–15, hier: S. 10.

7 Die Merseburger Zaubersprüche

Die Merseburger Zaubersprüche wurden 1841 von Georg Waitz entdeckt, der sich, als Mitarbeiter der *Monumenta Germaniae Historica*, auf einer Handschriftenreise durch Sachsen und Thüringen befand. Waitz war im Jahre 1841 auf der Suche nach einer Handschrift des mittelalterlichen Geschichtsschreibers Lampert von Hersfeld (ca. 1028–1085). Zufällig entdeckte er während seines Besuches der Domstiftsbibliothek Merseburg am 18. und 19. November in einem Codex mit Coperteinband zwei althochdeutsche Texte: Die Merseburger Zaubersprüche.[406] Diese zwei althochdeutschen Zaubersprüche heidnischen Ursprungs fanden sich auf dem leeren Vorsatzblatt eines aus Fulda stammenden Sakramentars aus dem 9. Jahrhundert. Die Zaubersprüche wurden vermutlich im 10. Jahrhundert von einem unbekannten Schreiber aufgezeichnet.[407] Jakob Grimm, dem die Handschrift bereits am 24. November 1841 vorlag, hielt am 3. Februar 1842 seine Antrittsvorlesung an der Königlich-Preußischen Akademie der Wissenschaften zu Berlin, wobei er die Merseburger Zaubersprüche „als kleinod [...],

[406] Vgl. Wolfgang Beck / Markus Cottin: *Die Merseburger Zaubersprüche – Eine Einführung*. Hg. v. Vereinigte Domstifter zu Merseburg und Naumburg und des Kollegiatsstifts Zeitz. Petersberg 2010, S. 10.

[407] Vgl. Ricarda Bauschke: „Die Merseburger Zaubersprüche“. In: *LexMA*. Hg. v. Angermann / Bautier. Bd. 6, Sp. 548.

welchem die berühmtesten bibliotheken nichts an die seite zu setzen haben“[408] würdigte.[409]

Als Merseburger Zaubersprüche bezeichnet man zwei Zaubersprüche. Der erste Merseburger Zauberspruch umfasst vier Zeilen und ist ein Lösezauber. Idisen, Göttinen oder ähnliche Wesen lösen die Fesseln eines Gefangenen. Der zweite Merseburger Zauberspruch hat neun Zeilen und ist ein Heilzauber, der wahrscheinlich auf Pferde gerichtet werden sollte.

Der Dom zu Merseburg.

[408] Vgl. Jakob Grimm: *Kleinere Schriften II – Abhandlungen zur Mythologie und Sittenkunde*. Hildesheim 1965, S. 2.

[409] Vgl. Beck / Cottin: *Die Merseburger Zaubersprüche*, S. 10f.

8 Der zweite Merseburger Zauberspruch

Der zweite Merseburger Zauberspruch handelt von einer göttlichen Heilung. Er lautet folgendermaßen:

Phol ende Uuodan uuorun zi holza.
Du uuart demo Balderes uolon sin uuoz birenkict.
Thu bigoul en Sinthgunt, Sunna era suister,
thu biguol en Friia, Uolla era suister,
thu biguol en Uuodan, so he uuola conda:
Sose benrenki, sose bluotrenki, sose lidirenki:
ben zi bena, bluot zi bluoda,
lid zi geliden, sose gelimida sin.[410]

Phol und Wodan fuhren in den Wald.
Da wurde dem Fohlen des Balder sein Fuß verrenkt.
Da beschwor ihn Sinthgunt und Sunna, ihre Schwester,
da beschwor ihn Freia und Volla, ihre Schwester,
da beschwor ihn Wodan, so gut er konnte:
Wie Knochenverrenkung, so Blutverrenkung, so Gliederverrenkung:
Knochen zu Knochen, Blut zu Blut,
Glied zu Glied, auf dass sie zusammengefügt seien.[411]

[410] von Steinmeyer (Hg.): *Sprachdenkmäler*, S. 365.

[411] Übersetzung nach Müller: *Althochdeutsche Literatur*, S. 271.

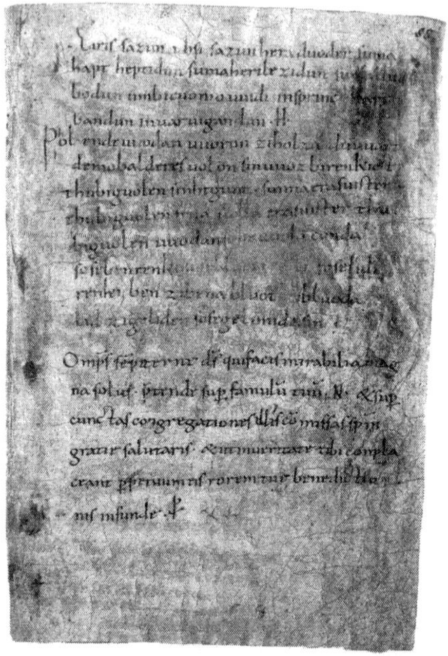

Merseburg, Domstiftsbibliothek, *Cod. 136, fol. 85r* mit den Merseburger Zaubersprüchen im oberen Teil (Zeilen 1–12).

Der zweite Merseburger Spruch ist den Verrenkungssegen zuzuordnen.[412] In diese Kategorie fallen „Knochenbrüche (Frakturen) [und] Verrenkungen (Luxationen).“[413] Die Krankheit, die hier geheilt wird, ist eine „natürliche“ Verletzung.[414] Das Pferd

[412] Hampp: *Beschwörung*, S. 40ff.

[413] Ebd., S. 40.

[414] Vgl. ebd., S. 105ff.

verletzt sich während der Wanderschaft, eine übernatürliche Ursache wie ein Krankheitsdämon ist nicht vorhanden.

Der zweite Merseburger Zauberspruch ist mit neun Zeilen länger als der erste Merseburger Zauberspruch. Fünf Zeilen nimmt die *historiola* in Anspruch, vier weitere der eigentliche Beschwörungsspruch. Die ersten zwei Zeilen der *historiola* sind stabende Langzeilen.[415] Hier wird erläutert, dass Phol und Wodan zum Wald ritten und das Pferd sich den Fuß verrenkte. Danach beginnt die magische Redeform. Es werden drei – man beachte dabei die Bedeutung der Zahl Drei – Heilungsversuche gemacht. Sie beginnen jeweils mit den gleichen Worten: „thubiguol." Hier findet sich das rhetorische Mittel des Parallelismus. Die beiden ersten Zeilen haben auch einen parallelen Bau.[416] Die Göttinenamen sind stabend in die Haupthebungen der beiden Versteile eingebaut. Die dritte Zeile jedoch sticht heraus, da sie kein paralleles „thu biguol" aufweist und somit einen rhetorischen, aber auch visuellen Bruch erzeugt: „thu biguol en Uuodan, so he uuola conda." Der Abvers „so he uuola conda" weicht ab, um Wodans spezielle magische Fähigkeiten zu betonen.[417] Es folgt eine zweistöckige Mahnformel;

[415] Vgl. Helmut de Boor: *Geschichte der deutschen Literatur. Von Karl dem Großen bis zu Beginn der höfischen Dichtung*. 8. Aufl. 6 Bde. Bd. 1. München 1971, S. 96f.

[416] Vgl. ebd.

[417] Vgl. ebd.

Wotan heilt Balders Pferd von Emil Doepler dem Jüngeren.

Krankheitsanrede und Heilungsbefehl. In diesem Falle werden die einzelnen Verletzungen in imperativischer Form angeredet. „Verben der Bewegung […] wie gehen, springen, reiten, fallen, fliegen, ziehen, fahren oder weichen“[418] kommen hier nicht vor. Das einzige Verb in der Beschwörungsformel ist „gelimida sin.“[419] Da es sich bei dem zweiten Merseburger Zauberspruch um einen Spruch handelt, in dem kein Krankheitsdämon vorkommt, fallen die beschwörenden, austreibenden Worte weg. Beide Teile bestehen aus dreigliedrigen Parallelzeilen. Der erste hat keine sprachliche Hervorhebung, aber eine formale Sonderstellung des dritten Gliedes. Der Parallelbau des ersten Teils wiederholt sich.[420] Die Glieder „ben“, „bluot“

[418] Hampp: *Beschwörung*, S. 117.

[419] von Steinmeyer (Hg.): *Sprachdenkmäler*, S. 365.

[420] Vgl. de Boor: *Geschichte der deutschen Literatur*, S. 96f.

und „lidi“ bilden den Dreierbau. Die beiden nächsten Zeilen sind ebenfalls parallel, das letzte Glied jedoch wird durch einen stabend angebundenen Abvers zur Langzeile geschwellt. Da der Spruch im Versmaß des Stabreims geschrieben ist, sind viele Alliterationen, zum Beispiel „Sinthgunt, Sunna [...] suister“[421] oder „Friia, Uolla“[422] vorhanden.

Der zweite Merseburger Zauberspruch ist im Stabreim geschrieben, womit der Spruch der älteren germanischen Dichtung zuzuordnen ist.[423] Der Stabreim „besteht darin, daß die Wörter gleich anlauten, wobei alle Selbstlaute untereinander als gleich gelten und unbetonte Vorsilben nicht berücksichtigt werden.“[424] Dies geschieht allerdings nicht willkürlich, sondern es „staben grundsätzlich die am stärksten betonten Wörter.“[425] In diesen Wörtern liegt das „Schwergewicht des Sinnes.“[426]

Der traditionelle Stabreimvers blieb in England bis zum 11. Jahrhundert und auf dem Kontinent bis zur Mitte des 9. Jahrhunderts erhalten.[427] Als Zäsur

---

421 von Steinmeyer (Hg.): *Sprachdenkmäler*, S. 365.

422 Ebd.

423 Vgl. Johanna Jaenecke-Nickel: „Zauberspruch. Eine Einführung“. In: Hermann Strobach (Hg.): *Deutsche Volksdichtung*. Stuttgart 1987. S. 195–220, hier: S. 199.

424 Genzmer (Hg.): *Die Edda*, S. 8.

425 Ebd.

426 Ebd.

427 Vgl. Kartschoke: *Geschichte Literatur*, S. 94.

zwischen Endreim und Stabreim kann man Otfrids *Evangelienbuch* ansehen,[428] denn „nach ihm gibt es den Stabreimvers in der literarischen Überlieferung deutscher Sprache nicht mehr."[429] Es sind nur noch wenige althochdeutsche Texte im Stabreim überliefert worden: Dies sind die *Merseburger Zaubersprüche*, das *Hildebrandslied* „als einziges im Ahd. überliefertes germanisches Heldenlied"[430] sowie das *Wessobrunner Gedicht*.[431] Im Altsächsischen sind neben dem Wurmsegen *Pro Nessia* und zwei anderen sächsischen Segenssprüchen der *Heliand* und drei Fragmente der *Genesisdichtung* überliefert. Des Weiteren überliefert sind das Runengedicht *Abecedarium Nordmannicum* und als Spätform der althochdeutsche *Muspilli*.[432] Schriftstücke, die im Stabreim verfasst sind, sind demnach zeitlich gut einzuordnen. Zudem ist der Stabreim das Reimschema der traditionellen germanischen Dichtung. Er schwindet mit dem Rückgang des heidnischen Glaubens und wird in der althochdeutschen Dichtung durch den Endreim ersetzt.[433]

---

[428] Vgl. ebd.

[429] Ebd.

[430] Stefan Sonderegger: „Stabreim". In: *LexMA*. Hg. v. Angermann / Bautier. Bd. 7, Sp. 2164.

[431] Vgl. ebd.

[432] Vgl. ebd.

[433] Vgl. ders.: *Althochdeutsche Sprache*, S. 113.

8.1 Die *historiola* des zweiten Merseburger Zauberspruchs

Der zweite Merseburger Zauberspruch ist ein Zauberspruch, der dem Wanderschaftstypus zuzuordnen ist, denn „göttliche oder heilige Gegenmächte“[434] handeln während einer Wanderschaft. Diese führt die Götter „zi holza“, in den Wald. Der Wald als Wirkungsort ist eher ungewöhnlich, da er in vielen Sprüchen „Bannungsort für die Dämonen“[435] ist. Wie im Märchen ist hier an „den Urwald früherer Zeiten zu denken.“[436] In diesem Zusammenhang muss beachtet werden, dass der Wald im Frühmittelalter, wie schon in Kapitel 5.2.1 erwähnt, ein Ort des Geheimnisses und der Gefahr war.[437] Orte wie Wald, Gewässer oder Berg sind oft Orte, die in der Literatur mit „mythologischen Vorstellungen“ verbunden sind[438] und die „auf die Semantik der Grenze und des Jenseits“[439] hinweisen.

„Die Einführung des mythologischen Geschehens und der mythologischen Zeit“[440] erfolgt durch die Eingangszeile: „Phol ende Uuodan uuorun zi holza.“ Damit erfolgt der Eintritt *in illo tempore*. Erzählt wird im Präteritum. Die *historiola* bezieht sich auf einen

[434] Hampp: *Beschwörung*, S. 216.

[435] Ebd., S. 91.

[436] Ebd.

[437] Vgl. Dinzelbacher: *Angst*, S. 14.

[438] Naiditch: „Erzählstruktur“, S. 179.

[439] Ebd.

[440] Ebd., S. 178.

Mythos, der in jener Zeit geschehen ist. Je nach Kultur variieren die „heiligen mythischen Geschichten."[441] Da nur wenige vorchristliche germanische Schriftstücke erhalten sind, kann man nur vermuten, um welchen *Mythos* es sich handeln könnte. Wahrscheinlich ist, dass der Heilende in diesem Spruch, Wodan, auch in der Vergangenheit geheilt hat. Die *historiola* liefert weitere Hinweise auf das Pantheon, auf welches sich der Spruch bezieht, da neben Wodan noch vier weitere heilige Personen handeln. Dies ist durchaus nicht untypisch für den Zauberspruch, da der narrative Teil oftmals Variationen aufweist.[442] Dennoch ist es im Vergleich mit gleichartigen Sprüchen ungewöhnlich, dass noch vier weitere Personen helfend einwirken: die Göttinnen „Sinthgunt", „Sunna", „Friia" und „Uolla". Es findet sich auch eine weitere Unregelmäßigkeit im zweiten Merseburger Zauberspruch: Im narrativen Teil des Zauberspruchs gibt es „maximal drei Helden"[443] einer Funktionsgruppe, bei der die Anzahl der Akteure unterschiedlich sein kann. Es gibt einen Leidenden, in diesem Fall „demo Balderes uolon", und die fünf heilenden Personen. Balder ist in dieser *historiola* keiner dieser Gruppen zuzuordnen, da er weder heilt noch verletzt ist. Man könnte ihn allerdings zu der Gruppe der Leidenden einordnen, da er durch sein verletztes Pferd geschädigt wird. Der in der ersten

---

[441] Schulz: *Beschwörungen im Mittelalter*, S. 9.

[442] Vgl. Naiditch: „Erzählstruktur", S. 172.

[443] Ebd.

Zeile genannte Gott Phol wird im weiteren Verlauf der kleinen Geschichte nicht tätig. Dies ist ein Bruch des üblichen Schemas und ist für die in dieser Arbeit folgenden Deutungsversuche noch relevant. Die handelnden Personen in dieser *historiola* sind – und das ist eindeutig – nicht christlicher Herkunft. Sie sind einem vorchristlichen Pantheon zuzuordnen.

8.2 Die Götter der *historiola* des zweiten Merseburger Zauberspruchs

8.2.1 Wodan/Odin

Der Hauptakteur ist der Gott Wodan. Wodan wird in den frühmittelalterlichen Quellen relativ selten genannt. Dies wird unter anderem mit der Scheu christlicher Autoren zusammenhängen, die heidnischen Götter beim Namen zu nennen.[444] Simek erklärt dies damit, „daß man sie eher pauschal dämonisierte und kaum mit den einheimischen Namen ansprechen wollte."[445]

Das *Sächsische Taufgelöbnis*, ein Text aus dem 8. Jahrhundert, überliefert jedoch den Namen Wodans:

> *end ec forsacho allum dioboles wercum and wordum, Thunaer ende Woden ende Saxnote ende allum them unholdum, the hira genotas sint.*[446]

[444] Vgl. Simek: *Götter und Kulte*, S. 64.

[445] Ebd.

[446] von Steinmeyer (Hg.): *Sprachdenkmäler*, S. 20.

> Und ich schwöre ab allen Werken des Teufels und den Worten, Donar, Wotan und Saxnot und allen den Teufeln, die ihre Genossen sind.[447]

Diese Abschwörungsformel (*abrenuntatio*) nennt zum einen die Namen heidnischer Götter und zeigt gleichzeitig die Haltung der Kirche zu fremden Göttern, die als „unholdum“ und „diaboles“ bezeichnet werden. Neben dem sächsischen Taufgelöbnis ist noch das *Fränkische Taufgelöbnis* erhalten, das in Form und Inhalt sehr ähnlich ist.[448]

Gleichzeitig nennt der Aberglaubenskatalog *Indiculus Superstitionum Et Paganiarum*[449] die Namen germanischer Götter. Aus kirchlicher Sicht sind *sacris Mercurii vel Jovis*[450] sowie *feriis quae faciunt Jovi vel Mercurio*[451] verboten und werden mit Bußstrafen belegt. Die hier als sächsische Hauptgötter genannten Merkur und Jupiter stehen eigentlich für die germanischen Götter Thor und Odin.[452] Die Bezeichnung germanischer Götter mit „Saturn, Jupiter, Mars und Merkur“[453] zeigt auch, dass christliche Zeitgenossen wenig Kenntnisse von

---

[447] Übersetzung nach Müller: *Althochdeutsche Literatur*, S. 99.

[448] Vgl. von Steinmeyer (Hg.): *Sprachdenkmäler*, S. 23.

[449] „Kleiner Index des Aberglaubens und des Heidentums“

[450] „die Opfer an Merkur und Iupiter“ Cod. Vat. Pal., 577, fol. 7; zit. nach Rau: *Briefe des Bonifatius*, S. 444.

[451] „die Feiertage, die man für Iupiter und Merkur begeht“ Cod. Vat. Pal., 577, fol. 7; zit. nach Rau: *Briefe des Bonifatius*, S. 444.

[452] Vgl. Simek: *Götter und Kulte*, S. 64.

[453] Neiske: *Europa*, S. 91.

heidnischen Religionsvorstellungen hatten und die ihnen fremden Göttern nach dem antiken Pantheon benannten.[454] Diese Quelle liefert den Hinweis, dass Wodan unter dem Namen Merkur im sächsischem Gebieten trotz der Christianisierung verehrt wurde. Auch Tacitus hat Merkur als Hauptgott der Germanen erwähnt: *Deorum maxime Mercurium colunt, cui certis diebus humanis quoque hostiis litare fas habent.*[455] Im Falle von Tacitus handelt es sich um eine *interpretatio romana*[456], bei der die Namen fremder Götter durch die Namen der römischen Götter ersetzt werden, die an sie erinnern und ähnliche Attribute aufweisen.[457]

Auch die Namen der Wochentage geben Hinweise auf die germanische Götterwelt. Die Germanen nahmen im 4. Jahrhundert die Sieben-Tage-Woche an. Die Namen der römischen Gottheiten ersetzten sie jedoch durch die Namen ihrer eigenen Götter.[458]

So wurde zum Beispiel der *dies Mercurii* durch den „Tag Odin-Wotans"[459] ersetzt. Im Althochdeutschen

---

[454] Vgl. ebd., S. 91.

[455] „Am meisten verehren sie Merkur. Sie halten es für ein göttliches Gebot, ihm an manchen Tagen auch Menschenopfer darzubringen." Tac. *Germ.* 9.

[456] Roland Gschlössel: *Im Schmelztiegel der Religionen. Göttertausch bei Kelten, Römern und Germanen.* Mainz am Rhein 2006, S. 10.

[457] Tac. Germ. 43; vgl. Gschlössel: *Schmelztiegel*, S. 10.

[458] Vgl. Eliade: *Geschichte der religiösen Ideen*, S. 138; vgl. Gschlössel: *Schmelztiegel*, S. 30.

[459] Eliade: *Geschichte der religiösen Ideen*, S. 138.

wurde dieser *Wuotanestac*, im Englischen *wednesday*, im Niederländischen *woensdag* und im Altskandinavischen *Odhinsdagr* genannt.[460] Dies beweist, dass Merkur in der gesamten germanischen Welt mit dem Gott Wodan bzw. Odin gleichgesetzt wurde.[461] Darüber hinaus „deuten die Namen der Tage darauf hin, daß alle germanischen Völker die gleichen großen Götter verehrten."[462]

Wodan wird bei den germanischen Völkern als menschliche Hypostase eines ehemaligen tierischen Dämons in Pferdegestalt angesehen.[463] Wodan ist hiermit im Volksglauben der Herr und Führer der Toten oder auch der Seelen. Auch der *Mythos* des „wilden Heers" geht auf ihn zurück.[464] Der westgermanische Gott Wodan wurde mit dem altnordischen Gott Odin, der in Skandinavien verehrt wurde, gleichgesetzt. Allerdings füllt Wodans altnordische Entsprechung Odin mehr Funktionen als dieser selbst aus. Odin ist der Hauptgott der eddischen Mythologie und die vielschichtigste Göttergestalt: Er ist Göttervater, Dichtergott, Totengott, Kriegsgott und der Gott der Magie,

---

[460] Vgl. ebd.

[461] Vgl. ebd.

[462] Ebd.

[463] Vgl. Hellmut Rosenfeld: „Phol ende Wuodan vuorun zi holza – Baldermythe oder Fohlenzauber?" In: *Beiträge zur Geschichte der Deutschen Sprache und Literatur* 95 (1973). S. 1–12, hier: S. 13; vgl. auch N.N.: „Pferd". In: *Handwörterbuch des deutschen Aberglaubens*. Hg. v. Hanns Bächthold-Stäubli. 10 Bde. Berlin 1987. Bd. 6, Sp. 1610.

[464] Vgl. ebd., Sp. 1610f.

der Runen und der Extase.[465] Wie Odin wird Wodan auch als Totengott benannt.

Deswegen weist „so he uuola conda" auf die großen Fähigkeiten des Gottes in der Magie hin. Odin erwirbt die Gabe der Magie, indem er sich als Selbstopfer an den Weltenbaum hängt.

> Runen sollst du finden und rätliche Stäbe,
> gar stolze Stäbe,
> gar starke Stäbe,
> die gerötet der Redeherr
> und gewirket Waltmächte
> und geritzt der Raterfürst.[466]

Odins Runenerwerbung ist im *Mythos* nicht ohne Selbstopfer möglich gewesen:

> Ich weiß, daß ich hing
> am windigen Baum
> neun Nächte lang,
> mit dem Ger verwundet,
> geweiht dem Odin,
> ich mir selbst,
> an jenem Baum,
> da jedem fremd,
> aus welcher Wurzel er wächst.[467]

---

[465] Vgl. Rudolf Simek: *Lexikon der germanischen Mythologie*. 3. Aufl. Stuttgart 2006, S. 310.

[466] Hávamál, 142.

[467] Ebd., 138.

Odin erwirbt durch diesen Ritus „die Gabe der Geheimwissenschaften und der Poesie.“[468] Es ist so, dass der Gott „durch die Selbstverletzung mit der Lanze und den Verzicht auf Wasser und Nahrung den rituellen Tod [erleidet] und die geheime Weisheit vom Initiationstyp [erwirbt].“[469] In der *Edda des Snorri Sturluson* wird erwähnt, dass „Odin […] wie seine Frau [Frigg] die Sehergabe [besaß].“[470]

Da der Gott Odin bei den Skalden, den skandinavischen Dichtern, großes Ansehen besaß, sind in der Skaldendichtung etwa 170 Odinsnamen überliefert.[471] Simek vermutet, dass diese „poetischen Beschreibungen“[472] nicht „auf den Gebrauch von Tabunamen“[473] zurückgehen, sondern zur „skaldischen Diktion“[474] gehörig sind.

Diejenigen Namen, die den Gott als „Stammvater von Geschlechtern oder als Hauptgott bestimmter Stämme identifizieren (etwa Gautr oder Skilfingr), […] dürften zu einer recht alten Schicht gehören.“[475]

Bei den Angelsachsen hingegen kannte man Wodan als „Woden“. Die Zeugnisse eines Wodankultes bei

---

468 Eliade: *Geschichte der religiösen Ideen*, S. 142.

469 Ebd.

470 *Die Edda des Snorri*, Prolog, 4.

471 Vgl. Simek: *Götter und Kulte*, S. 68.

472 Ebd.

473 Ebd.

474 Ebd.

475 Ebd.

den Angelsachsen sind ebenfalls spärlich, wenn auch nicht so wie auf dem Kontinent. Im *Neunkräutersegen* wirkt Wodan als heilender Zauberer:

> *Wyrm com snican, toslat he man;*
> *ða genam Woden VIIII wuldortanas,*
> *sloh ða þa næddran, þæt heo on VIIII tofleah.*[476]

> Eine Schlange kam angeschlichen und biss einen Mann,
> da nahm Wodan neun Zweige,
> und erschlug die Kreuzotter, sodass sie in neun Teile zerschellte.[477]

Des Weiteren finden sich viele englische Ortschaften, deren Namen Hinweise auf einen Wodanskult eben könnten, wie zum Beispiel „Wenslow", „Wedynsfeld" oder „Wodnesfeld".[478] Es war unter anderem auch in Königshäusern verbreitet, seine Abstammung auf heidnische Götter zurückzuführen. Beda berichtet dies hinsichtlich der Fürsten Hengist und Horsa:[479] *Erant autem filii Uictgisli, cuius pater Uitta, cuius pater Uecta, cuius pater Uoden, de cuius stirpe multarum prouinciarum regium genus originem duxit.*[480] Die skandinavischen Königshäu-

---

[476] Elliott van Kirk Dobbie (Hg.): *The Anglo-Saxon minor poems*. 3. Aufl. New York 1968, S. 119.

[477] Eigene Übersetzung.

[478] Vgl. Simek: *Lexikon Mythologie*, S. 493f.

[479] Vgl. Beda der Ehrwürdige: *Kirchengeschichte*, S. 59.

[480] Beda, I, 15, 16.

ser betonten in den mittelalterlichen Historiographien ihre Abstammung von Odin.[481] Auch in der *Snorri-Edda* werden Königshäuser als von Thor und Odin gegründet beschrieben.[482]

> Ihr [Thors und Sifs] gemeinsamer Sohn war Loridi, der seinem Vater glich. Sein Sohn war Einridi, dessen Sohn wiederum Wingethor; dann folgten Wingener, Moda, Magi, Seskef, Bedwig, Athra […], Frialaf, den wir Friedleif nennen; er hatte den Sohn, der Woden genannt wird und bei uns Odin heißt.[483]

Es wurde den skandinavischen Herrschaftshäusern durch „die wissenschaftliche Methode des Euhemerismus, [die] die alten Götter zu besonders fähigen Menschen der Frühzeit machte", erleichtert, ihre Wurzeln auf Odin zurückzuführen. Dadurch wurde „die religiöse Komponente wenigstens teilweise entschärft."[484]

8.2.2 Frîja

Frîja ist eine germanische Göttin und die Gemahlin des Odin oder Wodans.[485] Sie ist am besten in der altnordischen Frigg belegt. Sie ist in südgermanischen Quellen als Frea und als Frîja im zweiten Merseburger

[481] Vgl. Simek: *Götter und Kulte*, S. 66.

[482] *Die Edda des Snorri*, Prolog, 3.

[483] Ebd.

[484] Vgl. Simek: *Götter und Kulte*, S. 66.

[485] Vgl. ebd., S. 71

Zauberspruch erhalten.[486] Der langobardische Name „Frea" ist bereits im 7. Jahrhundert durch die *Historia Langobardorum* durch Paulus Diakonus belegt.[487] Etymologisch ist „Frea" als „Frau" zu deuten, denn das altsächsische „fri" und das altenglische „freo" entsprechen dieser Deutung.[488] Ihr wird der lateinische Wochentag „dies Veneris" zugeordnet.[489] Ferner sind belegt: „ahd. friatag, altengl. frigedeag [und] altnordisch friadagr."[490]

8.2.3 Phol

Der Gott Phol ist weder in den eddischen Quellen noch in althochdeutschen kirchlichen Quellen belegt. Man könnte vermuten, dass er als „Vol" das männliche Gegenstück zu „Volla" ist und damit den Fruchtbarkeitsgöttern zugeordnet werden kann.[491] Zu der Identität des Gottes Phol existieren einige Deutungen, auf die in Kapitel 9 noch eingegangen werden wird.

8.2.4 Balder

Nach Simek kommen „Ortsnamen, die mit dem Namen des Gottes Balder gebildet sind, […] zwar in Dänemark und Norwegen vor, aber nur sehr

[486] Vgl. ders.: *Lexikon Mythologie*, S. 119.

[487] Vgl. ebd.

[488] Vgl. ebd.

[489] Vgl. ders.: *Religion der Germanen*, S. 156.

[490] Ebd.

[491] Vgl. Rosenfeld: „Baldermythe oder Fohlenzauber", S. 2.

vereinzelt."[492] Im Gegensatz zu den ausführlich belegten Göttern Thor und Odin gibt es zu dem Gott Balder weniger Quellen. Die Lieder der *Liederedda* und der *Snorri-Edda* geben am ausführlichsten Hinweise zu ihm.

Die Existenz Balders in den Merseburger Zaubersprüchen ist umstritten. Viele Interpretationen sehen das altenglische Wort „bealdor" (Herr, Fürst) als die eigentlich korrekte Übersetzung an.[493] Wir kennen Balder aus den skandinavischen Quellen, diese Überlieferung teilt sich in eine norwegisch-isländische und eine dänische Tradition,[494] jedoch nicht aus westgermanischen oder angelsächsischen Quellen. Viele Interpretatoren der Merseburger Zaubersprüche beziehen sich auf sie. In Kapitel 2 ist die Quellenproblematik bereits angesprochen worden. Balder, altnordisch Baldr, althochdeutsch und altenglisch Balder, ist einer der bedeutenderen germanischen Götter und gehört der Familie der Asen an.[495]

Snorri beschreibt ihn, wie Grimm es ebenfalls glaubte, als Lichtgott:

> Ein zweiter Sohn Odins ist Balder, von dem nur Gutes zu erzählen ist. Er ist der beste und alle rühmen ihn. Er ist von Gestalt so schön und hell, daß von ihm ein Leuchten ausgeht. […] Er ist der klügste Ase, der redegewandteste und am huldvollsten.[496]

[492] Simek: *Religion der Germanen*, S. 150.

[493] Rosenfeld: „Baldermythe oder Fohlenzauber", S. 3.

[494] Vgl. Simek: *Lexikon Mythologie*, S. 36.

[495] Vgl. ebd.

[496] Gylfis Täuschung, 22.

Die Etymologie seines Namens ist ebenfalls noch immer ungeklärt. Möglich ist, dass die indogermanische Wurzel **bhel-* (weiß) auf seine Funktion als Lichtgott hinweist. Blickt man hingegen auf das altnordische „baldr“ (tapfer), dann könnte es auch auf einen kriegerischen Aspekt des Gottes hinweisen. Dies passt dann allerdings nicht mehr in das restliche Bild des Balder.[497]

Die *Götterlieder der Älteren Edda* und die *Edda des Snorri Sturluson* liefern uns den ausführlichsten Überblick über den Baldermythos: Balder hat Träume von seinem bevorstehenden Ende:

> Die Asen eilten alle beim Ding
> und die Asinnen alle zum Rat
> und das berieten die reichen Götter
> warum Balder Böses träumte.[498]

Diese Träume werden von den Asen als Bedrohung ernst genommen. Frigg nimmt allen Lebewesen, aber auch den Elementen den Eid ab, Balder zu verschonen:

> Als er den Asen von diesen Träumen erzählte, hielten sie gemeinsam Rat, und es wurde beschlossen, gegenüber Balder eine Friedenzusicherung für alle Arten der Gefahr zu verlangen. Frigg nahm Eide darüber ab, daß Feuer und Wasser Balder verschonen sollten, ebenso Eisen und alle Metallarten, Steine, die Erde

[497] Vgl. Simek: *Lexikon Mythologie*, S. 37f.

[498] Balders Träume, 1.

> wie die Bäume und die Krankheiten, die Tiere, die Vögel wie das Gift und die Schlangen.[499]

Nachdem dieser Eid abgenommen wurde, schießen die Asen zur Unterhaltung auf Balder, der dies unverletzt übersteht. Dies erregt den Neid von Loki:[500]

> Das sah Loki, Laufeys Sohn, dem nicht gefiel, dass Balder nichts verletzte. Er ging nach Fensalir zu Frigg und nahm die Gestalt einer Frau an. […] Dazu meinte Frigg: „Weder Waffen noch Hölzer werden ihm ein Leid zufügen, von ihnen allen habe ich Eide genommen." Die Frau fragte: „Haben alle Dinge geschworen, Balder zu schonen?" Darauf antwortete Frigg: „Westlich von Walhall wächst ein Baumspross, der wird Mistelzweig genannt. Er schien mir zu jung, um von ihm den Eid zu fordern."[501]

Dies besiegelt den Untergang des Balder. Loki verschafft sich den Mistelzweig und begibt sich zum Thing, wo die Götter immer noch Gegenstände nach Balder werfen. Der blinde Höd beteiligt sich nicht an dem Spiel und wird von Loki überredet, auch etwas zu werfen.[502]

[499] Gylfis Täuschung, 49.

[500] Ebd.

[501] Ebd.

[502] Ebd.

> Loki meinte: „Mache es doch wie die anderen, und erweise Balder die Ehre wie sie. Ich werde dich dorthin weisen, wo er steht. Wirf diesen Zweig nach ihm." Höd nahm den Mistelzweig und schoß ihn nach Lokis Anweisung auf Balder. Das Geschoß durchbohrte ihn, und er stürzte tot auf die Erde.[503]

Die Götter trauern sehr um Balder und so reitet Hermod zu Hel um „Balder zu finden und Hel ein Lösegeld zu bieten, wenn sie Balder heim nach Asgard ziehen lasse."[504]

Hel stimmt dem Vorschlag zu, unter der Bedingung, dass alle Lebewesen um Balder weinen:

> Und wenn alle lebenden und toten Dinge in der Welt um ihn weinen, dann soll er zu den Asen zurückkehren. Er bleibt jedoch bei Hel, sobald jemand Einspruch erhebt oder ihn nicht beweinen will.[505]

Alle Lebewesen weinen, doch die Riesin Thökk weigert sich:

> Thökk wird beweinen mit trockenen Tränen Balders Einäscherung weder vom lebenden noch vom toten Sohn des Alten hatte ich Nutzen – behalte Hel, was sie hat.[506]

---

[503] Ebd.

[504] Ebd.

[505] Ebd.

[506] Ebd.

Da man zu Recht vermutet, dass Loki an der Haltung der Riesin schuld ist, bestraft man ihn grausam:

> Dann wurden Lokis Söhne ergriffen, Wali und Nari oder Narfi. Die Asen verwandelten Wali in einen Wolf, und der riß Narfi, seinen Bruder, in Stücke. Sie nahmen seine Därme und fesselten Loki damit auf die drei scharfen Steine. [...] Da nahm Skadi eine Giftschlange und befestigte sie über ihm, daß das Gift der Schlange ihm über das Gesicht tropft. Aber Sigyn, seine Frau, steht bei ihm und hält ein Waschbecken unter die Gifttropfen. Ist dieses Gefäß voll, geht sie weg und schüttet das Gift aus. Derweil tropft es jedoch auf sein Gesicht. Dabei fährt er so stark zusammen daß die ganze Erde bebt; das nennt ihr Erdbeben. Dort liegt er in Fesseln bis Ragnarök.[507]

Die Baldermythe hängt eng mit dem Weltuntergangsmythos des Ragnarök zusammen:

> [...] der Winter kommt, der Fimbulwinter genannt wird. Dann treibt Schnee aus allen Himmelsrichtungen heran. Es herrschen starker Frost und scharfe Winde, die Sonne scheint nicht mehr. Es gibt drei solcher Winter hintereinander und keinen Sommer dazwischen. Aber vorher kommen drei andere Winter, in denen auf der ganzen Welt Schlachten toben. Dann erschlagen sich Brüder gegenseitig aus

[507] Ebd., 50.

> Habsucht, und keiner schont Vater oder Sohn im Gemetzel und beim Verwandtenmord.[508]

Auch Balder wird auferstehen und eine neue Welt gründen: „Böses wird besser; Balder kehrt heim [...].“[509]

8.2.5 Die restlichen Göttinnen

Fulla ist höchstwahrscheinlich die altnordische Entsprechung der Göttin Volla, die im zweiten Merseburger Zauberspruch vorkommt. Fulla wird von Snorri zu den Asinnen gezählt. An anderer Stelle wird sie jedoch die Zofe der Frigg genannt. Sie kennt deren Geheimnisse, trägt deren Schatulle und versorgt ihre Schuhe. Fulla ist laut Snorri eine Jungfrau, die ihr Haar offen trägt und sich mit einem goldenen Stirnband schmückt.[510] Die Interpretation der Fulla als Dienerin Friggs stammt von Snorri.[511] Ältere Skaldenlieder des 10. Jahrhunderts – Simek nennt hier das *Lausavísur* von Eyvindr Finsson, Gísli Súrsson und Kormákr – könnten darauf hinweisen, dass Frigg und Fulla in nördlichen Bereichen als Schwestern angesehen worden waren.[512]

Die im zweiten Merseburger Zauberspruch erwähnte Göttin Sinthgunt wird als Schwester der Sunna bezeichnet („Sinthgunt, Sunna era suister“).

[508] Ebd.

[509] Der Seherin Gesicht, 63.

[510] Vgl. Simek: *Lexikon Mythologie*, S. 122.

[511] Vgl. ders.: *Religion der Germanen*, S. 115.

[512] Vgl. ebd.

Die Bedeutung der Göttin ist ungeklärt und auch über die etymologische Bedeutung ihres Namens herrscht in der Forschung keine Einigkeit. Wenn man bei der handschriftlichen Form „Sinhtgunt“ bleibt, könnte man sie „die Nacht-Gehende“ nennen. Sie wäre dann mit dem Mond gleichzusetzen. Diese Namensgebung würde dann allerdings nicht mehr in den germanischen Hintergrund passen, da der Mond bei den Germanen männlichen Geschlechts war. Grimm deutete den Namen als „Himmelskörper“ oder „Stern“, was wiederum gut zu einer Schwester der Sunna (Sonne) passen würde. Eine weitere Deutung ist „die zum Kampf Ausziehende“.[513]

Sunna, die Schwester Sinthgunts, ist in keinerlei Quellen bezeugt und kann als literarische Personifizierung der Sonne angesehen werden. Es fehlen Belege für die Verehrung einer personifizierten Sonne bei den Germanen. Auch die altnordische Sol wird nur selten erwähnt.[514]

513 Vgl. Simek: *Lexikon Mythologie*, S. 374.

514 Vgl. ebd., S. 397.

9 Die Deutungen des zweiten Merseburger Zauberspruchs

Die Handlung der *historiola* wird im Allgemeinen so ausgelegt, dass der bekannte Gott Wodan und der heutzutage unbekannte Gott Phol in den Wald fahren. Dort verstaucht sich das Pferd Balders den Fuß. Vier weibliche Göttinnen versuchen, das Pferd zu heilen, doch erst Wodan gelingt es. Er spricht die *incantatio* und vermag es, den Pferdefuß zu heilen.

Es gibt zu der *historiola* des zweiten Merseburger Zauberspruchs einige Deutungen, die jetzt hier erläutert werden.

9.1 Grimm

Grimm ist der Ansicht, dass es sich beim zweiten Merseburger Zauberspruch um einen Baldermythos handele:

> dieser einfach dargestellten fabel tiefern sinn zu leihen kostet keine anstrengung. sobald des sonnengottes rosz erlahmt und er seinen umlauf zu unterbrechen genöthigt ist, lauft alles gefahr, und nichts ist den gütigen gottheiten angelegner als schleunig sie abzuwenden.[515]

Grimm sieht in Balder demnach eine Art Sonnengott.

[515] Grimm: *Kleinere Schriften* II, S. 26.

Auch in der *Edda des Snorri Sturluson* ist zum einen von der großen Trauer der Götter über Balders Tod, zum anderen von der großen Bedeutung Balders die Rede:[516] „Aber Odin erlitt diesen Verlust am übelsten unter ihnen, denn er wußte am meisten davon, welch großer Schaden und Verlust den Asen durch Balders Tod enstanden war."[517]

Es scheint nicht nur die Trauer eines Vaters zu sein, die Odin diesen Verlust so hart spüren lässt.

Jakob Grimm ist allerdings der Ansicht, dass in den ersten zwei Zeilen des zweiten Merseburger Zauberspruchs nur zwei Götter handeln: Wodan und Balder.

Er deutet das Problem des Namens „Phol" derart, dass Phol und Balder miteinander identisch sein sollen: „nach den regeln einer guten erzählung scheint er aber denselben gott auszudrücken, der gleich darauf unter Balder verstanden wird."[518] Grimm merkt an, dass die Mitfahrt des Balder in der ersten Zeile hätte erwähnt werden müssen, wenn er nicht mit Phol gleichzusetzen sei. Für die Gleichsetzung des Phol mit Balder sprechen seiner Meinung nach Etymologien, wie zum Beispiel das irische „beal"[519] für Sonne oder Ortsnamen, wie zum Beispiel „Pölde, den aber urkunden des 10. jahrh. Palithi, Palidi, Polidi, Pholidi nennen […]."[520]

[516] Vgl. Gylfis Täuschung, 49.

[517] Ebd.

[518] Grimm: *Kleinere Schriften* II, S. 12.

[519] Ebd., S. 14.

[520] Ebd.

Weitere Hinweise sieht Grimm in Feiertagen wie den „Pfultag, Pulletag, welcher ausdrücklich auf den 2. mai gelegt wird."[521] Grimm nimmt explizit Bezug auf den ersten Mai, an dem das Fest des irischen Sonnengottes „Beal" oder auch „Bail" gefeiert wurde: „Bailteine ist der tag des heiligen belfeuers, das zweimal jährlich, am 1. mai und am 1. november neu entzündet wurde."[522]

Eine weitere Deutung ist die alte volkstümliche Bezeichnung „Pol, Polgraben, Pollgraben"[523] für die römischen Befestigungen oder Mauern.

Eine weitere Vermutung Grimms ist, dass „Phol ein andrer als Balder [sei und] ja ein ihm feindlicher gott wäre […]."[524] Er vermutet, dass der „seit dem 12. jahrh. in der mhd. Poesie auftauchender name Vâlant, Volant" eine Verbindung mit Phol aufweist.[525] Allerdings ist die Bedeutung nicht zu einem Lichtgott passend, da zu Grimms Zeiten im hennebergischen und thüringischen Dialekt „Fäl", „Fahl" „der böse Fal" als Bezeichnung für „Teufel" verwendet wurde.[526] Diese Etymologie führt Grimm zu der Deutung, dass Phol „ein böser gott, gleich dem nord. Loki war, der mit Wuotan zu walde fuhr […] und gar die lähmung des

[521] Ebd., S. 15.

[522] Ebd.

[523] Ebd., S. 16.

[524] Ebd., S. 13.

[525] Ebd., S. 16.

[526] Vgl. ebd., S. 17f.

rosses von Balder veranlaszte[.]“[527] Grimm bevorzugt diese Deutung allerdings nicht.[528]

9.2 Beck

Wolfgang Beck stellt die These auf, dass sich zwei Götter in der ersten Zeile in den Wald begeben, nachdem die anderen Götter bereits dort sind:

> Sie [die *historiola*] berichtet, dass sich zwei Götter, der aus der kontinentalgermanischen Mythologie wohlbekannte Wodan und ein sonst völlig unbekannter Gott namens Phol, in den Wald begeben haben.[529]

Im Gegensatz zu Grimm ist er allerdings der Meinung, dass drei Götter in den ersten zwei Zeilen des zweiten Merseburger Zauberspruchs vorkommen.[530] Zeitlich treffen die beiden Götter nach der Verletzung des Pferdes ein. Beck ist des Weiteren der Meinung, dass kein Hinweis erfolgt, dass „die beiden zu Pferd unterwegs“[531] seien. Nach ihrer Ankunft „wurde dann dem Fohlen des Gottes Balder sein Fuß […] eingerenkt.“[532]

---

[527] Ebd., S. 17.

[528] Vgl. ebd.

[529] Beck / Cottin: *Die Merseburger Zaubersprüche*, S. 16.

[530] Vgl. ebd.

[531] Ebd.

[532] Ebd.

Diese Übersetzung beruht auf der Übersetzung der Präfixe „bi-“[533] und „fir-“[534]. Das Präfix „bi-“ kann mit dem hochdeutschen Präfix „bei-“ und „fir-“ mit dem Präfix „ver-“ übersetzt werden.[535] Beck führt vergleichbare Präfixbildungen als Beleg an: „[…] wie etwa ‚bi-leiten‘ ‚hinführen, begleiten‘ gegen ‚fir-leiten‘ ‚auf Abwege führen‘ oder ‚bi-sagen‘ ‚anklagen‘ gegen ‚fir-sagen‘ ‚versagen, verweigern‘ […].“[536]

Die anwesenden Götter haben es nicht geschafft, das Pferd zu heilen, also muss Wodan, der besonders versiert in den Heilkünsten ist, dem Pferd helfen. Er renkt den Fuß des Pferdes wieder ein. Deswegen lautet die Übersetzung bei Beck: „da wurde dem Fohlen Balders der Fuß eingerenkt“.[537]

Durch die veränderte Bedeutung „wird der Charakter der Historiola nachhaltig verändert.“[538] Es wird kein Unfall und die daraus resultierende Verletzung geschildert. Da diese Version die Heilung zeitlich nach vorn rückt, ordnet Beck sie typologisch als „antizipierende Historiola“[539] ein. Damit sei die *historiola* „immer

---

[533] Wolfgang Beck: „birenkict – Zu einem Pferdefuß des Zweiten Merseburger Zauberspruchs“. In: *Die Sprache* 40/41 (1998/1999). S. 89–103, hier: S. 94.

[534] Ebd.

[535] Vgl. ebd.

[536] Ebd.

[537] Beck / Cottin: *Die Merseburger Zaubersprüche*, S. 43.

[538] Beck: „birenkcit“, S. 96.

[539] Ebd., S. 97.

noch exemplarisch, aber kaum einem bestimmten Ereignis der germanischen Mythologie zuzuordnen."[540] Nach Beck sei „der exemplarische Charakter der historiola [...] zwar erhalten, aber nur in Hinsicht auf seine Funktionalität."[541]

Die *incantatio* und die zu erzielende Heilwirkung ist wichtiger als die *historiola*, die „im Hinblick auf die *incantatio* nur illustrierendes, sekundäres Beiwerk" ist.[542]

Des Weiteren ist Beck der Ansicht, dass „zwischen dem Balder der Merseburger Zaubersprüche und dem Baldr aus der nordgermanischen Mythologie unterschieden" werden müsse.[543]

9.3 Wegfall des Pferdes

Achim Masser deutet das Vorkommen des Pferdes im zweiten Merseburger Zauberspruch als Missverständnis. Dass die zweite Zeile des Spruchs keine einwandfreie Langzeile ist, deutet er als Verhören des Spruchs bei ständiger mündlicher Weitergabe. Das stabtragende Wort „ulen" will er durch „uole" ersetzen, sodass sich die Bedeutung ändert. Jetzt wird der Fuß des Phol verrenkt und kurze Zeit später geheilt.[544] Ein weiterer

---

[540] Ebd., S. 98.

[541] Beck: „birenkcit", S. 98.

[542] Ebd.

[543] Beck / Cottin: *Die Merseburger Zaubersprüche*, S. 17.

[544] Vgl. Achim Masser: „Zum Zweiten Merseburger Zauberspruch". In: *Beiträge zur Geschichte der DeutschenSprache und Literatur* 94 (1972). S. 17–25, hier: S. 20.

Einwand Massers ist, dass es für germanische Götter nicht üblich sei, auf einem Füllen zu reiten.[545]

9.4 Wegfall der Götter Phol und Balder

Rosenfeld vertritt die These, dass die Existenz Balders im zweiten Merseburger Spruch nicht zu halten ist. Als erstes Argument dient ihm die Metrik des Spruchs: „[D]er angebliche Göttername Balder [trägt] gegen alle Regeln der Stabreimdichtung nicht als erstes Substantiv den Stabreim […].“[546]

Ferner ist er der Ansicht, dass es unwahrscheinlich sei, Phol in der ersten Zeile mit Balder in der zweiten Zeile gleichzusetzen. Es sei „nicht gerade wahrscheinlich, daß derselbe Gott in zwei Zeilen nacheinander mit zwei verschiedenen Namen genannt wird.“[547]

Rosenfeld nennt die These Schröders, dass sich diese Unregelmäßigkeit der Namen durch die „Kontamination eines alten Pholspruches und eines alten Balderspruches“[548] erklären lässt. Um aber die Regeln des Stabreims zu beachten, müsste es – nach Rosenfeld – nicht „Phol“, sondern „Vol“ heißen. Die Konstellation von Balder und Vol passt seiner Meinung nach nicht in die *historiola*: „[D]a Baldr, Odins Sohn, in der Edda eindeutig zu den Asen zählt“, sei eine Identifikation beider Götter und eine Verwandtschaft ihrer Mythen

[545] Vgl. ebd., S. 22f.

[546] Rosenfeld: „Baldermythe oder Fohlenzauber“, S. 1.

[547] Ebd.

[548] Ebd., S. 2.

ausgeschlossen.[549] Vol ist in der Meinung der Forschung das männliche Äquivalent zu der weiblichen Volla in der vierten Zeile. Als Gott des Wachstums und der Vegetation ist er allerdings den Wanen und nicht den Asen zuzuordnen, passt also nicht in den Mythenkreis, dem Wodan angehört.[550]

Rosenfeld ist der Ansicht, dass „es sich bei der dieser Baldermythe um ein Spezifikum der skandinavischen Odinsreligion handel[t].“[551] In der „festländischen Wodansreligion“[552] gebe es keinen Balder. Die Existenz Balders verneint Rosenfeld auch mit dem Hinweis darauf, dass – wenn man den mistelwerfenden Höðr mit Odin gleichsetzt – ein Gott seinen Sohn opfert, wie es auch der christliche Gott getan hat. Das ausklingende Heidentum setzt der christlichen Eschatologie eine Odin-Balder-Eschatologie entgegen. Rosenfeld betont, dass es „kein Zufall [sei], daß dem *dominus* und *herro* der christlichen Eschatologie in Balders Namen ein anderer ‚Herr‘ entgegengesetzt“ werde.[553] Dies ist die Begründung Rosenfelds, sich für das Appelativ Balder als „Herr“ zu entscheiden.[554]

Rosenfeld zieht den Schluss, dass mit „*themo balderes volon* nur Wodans Reitpferd gemeint sein kann […],

---

[549] Ebd.

[550] Vgl. ebd.

[551] Vgl. ebd.

[552] Ebd.

[553] Ebd., S. 3.

[554] Vgl. ebd.

wenn *balder* Herr bedeutet."[555] „Das Exemplarische des Falles"[556] wird aber stärker betont, „wenn Wodan nicht ein beliebiges Pferd heilt, sondern wenn es um das Roß Wodans selbst geht."[557] Korrekt, ohne Schreibfehler, müsse es also heißen „volo ende Wuodan vuorun zi holza, Wodan und sein Roß fuhren zum Walde."[558] Nur dann ist nach Rosenfeld das archetypische Bild des zauberkundigen Gottes und seines göttlichen Rosses gegeben. Das Ross bezeichnet er als die „pferdegestaltige Manifestation des Totengottes Wodan selbst."[559] Letztendlich kommt Rosenfeld zu dem Schluss, dass es sich bei Wodan und seinem Pferd um den Gott Odin und sein achtbeiniges Pferd Sleipnir handeln muss, da sie im ersten Vers fast gleichberechtigt genannt werden.[560]

Wenn es aber keinen Phol und keinen Balder gibt, so bedeutet das, dass Wodan in der ursprünglichen Fassung sogar komplett allein unterwegs war. Nach Rosenfeld ist die Existenz der Geschwisterpaare Sinthgunt/Sunna und Friia/Volla eine nachträgliche Ergänzung, da es in der mittelalterlichen Gesellschaft unüblich war, einen hohen Herrn ohne Gefolge ausreiten zu lassen.[561] Es ist der Meinung, dass die anderen

[555] Ebd., S. 9.

[556] Ebd.

[557] Ebd.

[558] Ebd.

[559] Ebd., S. 13.

[560] Vgl. ebd., S. 10f.

[561] Ebd.

überlieferten Zaubersprüche „von solchen inferioren Helfern […] nicht das Geringste [wissen].“[562]

9.5 Fazit der Deutungen

9.5.1 Deutung als Baldermythe

Wie man an den verschiedenen Deutungen erkennen kann, gibt es in der Forschung Unstimmigkeiten, welche und wie viele Götter in der ersten und der zweiten Zeile genannt werden. Grimm zum Beispiel nimmt an, dass nur zwei Götter genannt werden. Sein Argument, dass es „den regeln einer guten erzählung“[563] entspreche, wenn der in der ersten Zeile als Phol eingeführte in der zweiten Zeile als Balder genannt wird, ist wenig überzeugend.

Die Annahme, dass in der ersten und der zweiten Zeile des zweiten Merseburger Zauberspruchs nur zwei Götter vorhanden sind, ist weniger wahrscheinlich. Wahrscheinlicher ist, dass es drei sind. Dies ist mit der Zahl Drei zu begründen, die als magische Zahl im Volksmärchen und auch im Zauberspruch erscheint. Im Zauberspruch kann man dies in der dreifachen Wiederholung, aber auch im „Drei Frauen-Segen“ erkennen.[564] Des Weiteren scheinen „Triaden von Göttern […] ein festes Element germanischer Religion

[562] Ebd.

[563] Grimm: *Kleinere Schriften* II, S. 12.

[564] Vgl. Hampp: *Beschwörung*, S. 217–227.

zu sein."[565] Die Idisen im ersten Merseburger Zauberspruch treten ebenfalls zu dritt auf.[566] Auch die germanischen Göttinnen der Kaiserzeit treten in Dreiergruppen auf.[567] Im christlichen Bereich sind diese Dreiergruppen zum einen in den Drei-Jungfrauen-Steinen und zum anderen bei Kirchenweihungen „an Fides, Spes und Caritas" zu sehen.[568] Hampp bezieht die Tradition der Dreiheit unter anderem auf die „älteste und bekannteste [...] Dreiheit aus der germanischen Mythologie [...], die Dreiheit der Nornen."[569] Hampp führt weiter aus, dass die Dreiheit nicht das alleinige Merkmal des Christentums sei, sondern dass „die christlichen Dreiheiten die alten Dreiheiten der germanischen Mythologie lediglich bestätigen."[570] Des Weiteren muss erwähnt werden, dass die Trinität ein archetypisches Muster, eine religiöse Konstante ist, die sich in allen Religionen findet.

Auch die Etymologien, die Grimm nennt, zum Beispiel „beal"[571], weisen in ihrem Klang eher auf Balder als auf Phol hin. Allerdings könnten Ortsnamen wie „Pholidi"[572] darauf hinweisen, dass es einen Gott ähnlichen Namens gegeben haben könnte.

---

[565] Simek: *Religion der Germanen*, S. 109.

[566] Ebd., S. 114.

[567] Vgl. ebd., S. 109.

[568] Ebd.

[569] Hampp: *Beschwörung*, S. 219.

[570] Ebd., S. 221.

[571] Grimm: *Kleinere Schriften* II, S. 15.

[572] Ebd., S. 14.

Wenn man diese Etymologien und die *Edda* als Quellen hinzuzieht, erscheint die Deutung Grimms, Balder als Sonnengott zu sehen,[573] zunächst richtig, da „er […] von Gestalt so schön und hell [ist], daß von ihm ein Leuchten ausgeht."[574] Wenn es zum Ragnarök kommt, „dann geschieht das, was als ungeheure Begebenheit gilt, nämlich, dass der Wolf die Sonne verschlingt, und den Menschen erscheint dies als großer Schaden."[575] Wenn man den Wolf als Loki interpretiert, könnte man in Balder die Sonne sehen. Es ist jedoch plausibler, in Balder einen Frühlings- und Vegetationsgott zu sehen, da er der „Gott des Lichts und der Fruchtbarkeit" ist.[576] Auch ist „Bailteine" ein Frühlingsfest[577] und der Gott, der in der Unterwelt gefangen ist, erinnert eher an die Persephone. Diese Göttin wurde von Hades in die Unterwelt verschleppt und ihre Mutter, die Göttin Demeter, weigert sich daraufhin, das Korn wachsen zu lassen. Zeus handelt daraufhin einen Kompromiss aus, nach dem Persephone die Unterwelt im Frühling wieder verlassen darf und im Winter dorthin zurückkehren muss.[578]

---

[573] Vgl. ebd., S. 26.

[574] Gylfis Täuschung, 22.

[575] Ebd., 51.

[576] Ulrike Emrich (Hg.): *Der Brockhaus. Religionen – Glauben, Riten, Heilige.* 2. überarb. u. aktual. Aufl. Mannheim 2007, S. 69; vgl. auch Christoph Auffarth (Hg.): *Wörterbuch der Religionen.* Darmstadt 2006, S. 64.

[577] Grimm: *Kleinere Schriften* II, S. 15.

[578] Vgl. Roy Willis (Hg): *Mythologie.* Köln 2006, S. 142.

Beck schreibt hierzu, dass „der Tod Baldrs in der nordischen Mythologie zusammen mit der Fesselung Lokis als eine Vorbedingung für das Endschicksal der Götter [gilt].“[579] Die Abwesenheit des Frühlingsgottes wäre in der Tat eine Störung der zyklischen Ordnung der Natur. Wird diese nicht behoben, ist die Ordnung dauerhaft gestört. Wenn man die *historiola* des zweiten Merseburger Zauberspruchs als Baldermythe liest, dann wäre die Heilung des Pferdes durch den Gott „eine Wiederherstellung der Ordnung.“[580] Hier geht es „nicht nur [um] körperliche Heilheit, sondern auch [um] ein kosmisch verstandenes Heil.“[581]

Die Gestalt Lokis gehört zur Baldermythe. Nach Balders Tod „liegt er in Fesseln bis zum Ragnarök.“[582] Dann kommt er frei und wird gegen die Götter kämpfen. Wenn man die *historiola* als Baldermythos versteht, so ist die Anwesenheit eines schadenden Gottes nicht abwegig, da es in einem Zauberspruch mit *historiola* „maximal drei Helden“[583] einer Funktionsgruppe geben kann: den Leidenden, den Heilenden und den Schadenden. Im Falle des Phol haben wir einen Gott, der an der Heilung des Tieres nicht teilnimmt. Wenn also Phol – wie Grimm vermutet, aber wieder verworfen hat – „ein böser gott, gleich dem nord. Loki war,

579 Beck / Cottin: *Die Merseburger Zaubersprüche*, S. 17.

580 Schulz: *Wiederherstellung der Ordnung*, S. 382f.

581 Ebd., S. 291.

582 Ebd., 50

583 Naiditch: „Erzählstruktur“, S. 172.

der mit Wuotan zu walde fuhr […] und gar die lähmung des rosses von Balder veranlaszte[…]",[584] kann es sein, dass er der Schadende ist.

Beck ist zuzustimmen, wenn er sagt, dass die Interpretation des zweiten Merseburger Zauberspruchs mit den eddischen Liedern, in „einer Parallelisierung des Vorgangs Tod – Auferstehung mit dem Vorgang Verletzung – Heilung"[585] problematisch ist. Auf die Gefahren einer regressiven Deutung wurde in Kapitel 2 bereits eingegangen. Gerade das Auferstehungsmotiv kann im Zuge der Christianisierung Islands hinzugekommen sein. In dieser Eschatologie ist es zur Vermischung der Endzeitvorstellungen von Heidentum und Christentum in der *Edda* gekommen.[586] Es gibt auch christliche Elemente in der *Edda*, da der Verfasser selbst „bewusste Übernahmen christlicher Bilder" durchgeführt hat.[587] In der zwei Jahrhunderte dauernden Koexistenz wurden christliche in heidnische Endzeitvorstellungen aufgenommen,[588] sodass man die *Edda* als synkretistisch ansehen kann. Auch die älteren Eddalieder sind nicht gänzlich heidnisch. Simek schreibt hierzu:

> Problematisch daran ist, dass auch die ältesten Eddalieder hier von christlichem Synkretismus beeinflusst

[584] Grimm: *Kleinere Schriften* II, S. 17.

[585] Beck / Cottin: *Die Merseburger Zaubersprüche*, S. 17.

[586] Vgl. Simek: *Religion der Germanen*, S. 180.

[587] Ebd.

[588] Vgl. ebd.

> scheinen, eine Tendenz, die wohl auf den Mangel einer systematischen Kosmogonie innerhalb der heidnisch-germanischen Religion zurückzuführen ist.[589]

Rosenfeld hat mit seiner Anmerkung, dass das ausklingende Heidentum der christlichen Religion eigene, ähnliche Symboliken entgegenstellte,[590] Recht, denn „tatsächlich entfalten sich bestimmte germanische Religionsschöpfungen während des Hochmittelalters in der Folge der Symbiose oder in Opposition zum Christentum.“[591] Ein gutes Beispiel ist der Thorshammer, der „als Antwort auf das Kreuzsymbol des vordringenden Christentums“[592] aufkam. Simek ist der Meinung, dass „das Vordringen der christlichen Religion mit ihrem dominanten Symbol, dem Kreuz, den Rekurs auf den Thorshammer als Totem die skandinavischen heidnischen Religionen gefördert und hat gemeinschaftsstiftend gewirkt [hat].“[593] Es ist ebenfalls möglich, dass auch heidnische Inhalte in christliche Formel übertragen wurden: „So helfe mir Freyr und Njöðr und der allmächtige Asen“[594] ist eine „synkretistische Formel der heidnischen Spätzeit […], [die] aus

[589] Ebd., S. 174.

[590] Vgl. Rosenfeld: „Baldermythe oder Fohlenzauber“, S. 3.

[591] Eliade: *Geschichte der religiösen Ideen*, S. 151.

[592] Simek: *Religion der Germanen*, S. 131.

[593] Ebd.

[594] Landnámabók, Hausbók-Fassung 268; zit. nach Simek: *Religion der Germanen*, S. 109.

formalen Gründen“ vom Christlichen ins Heidnische umgedeutet wurde.[595] Es ist so, dass „diese als Synkretismus (Glaubensmischung) bezeichnete Erscheinung religiös Gebräuche und Anschauungen ebenso wie den Bereich der Mythologie [umfasst],“[596] denn einzelne Mythen oder Aspekte werden von anderen Religionen übernommen, wenn sie in „Form von mythologischen Erzählungen Verbreitung finden.“[597] Zu Synkretismen kommt es, wenn es zu einer „Vermischung oder Verschmelzung mehrerer Religionen durch Aufnahme einzelner Elemente eines anderen Kults“ kommt:[598]

> Religionen sind nämlich keine statischen, unveränderlichen Größen, sondern im ständigen Wandel begriffen. Sie dienen als Vorbild für andere und nehmen selbst von anderen etwas auf, beeinflussen sich gegenseitig und verbinden sich zu neuen Formen.[599]

Wenn Rosenfeld die These aufstellt, dass sich die Gestalt des Balder „in Opposition zum Christentum“[600] entwickelt hat, kann er durchaus Recht haben. Dies ist allerdings kein Gegenbeleg für das Vorkommen eines Balders oder balderähnlichen Gottes auf dem Festland.

---

[595] Ebd.

[596] Ebd., S. 228.

[597] Ebd.

[598] Gschlössel: *Schmelztiegel*, S. 11.

[599] Ebd., S. 7.

[600] Eliade: *Geschichte der religiösen Ideen*, S. 151.

Ist die Interpretation einer Baldermythe überhaupt zu halten, wenn man den zeitlichen und räumlichen Abstand zu westgermanischen Göttermythen betrachtet? Dass die *historiola* sich konkret auf die Baldermythe der *Prosaedda* bezieht, ist wegen des zeitlichen und räumlichen Abstandes unwahrscheinlich. Eine Variation des Balder/Loki-Themas ist aufgrund des Variationsreichtums von Mythen und Zaubersprüchen aber ohne Weiteres möglich. Hier können die Eigenschaften und Attribute der Götter auch verschieden sein. Als Beispiel dient der Unterschied zwischen dem westgermanischen Wodan und Odin, der mit mehr Attributen und Eigenschaften ausgestattet ist.[601]

Des Weiteren ist am Beispiel der Namen der Wochentage zu sehen, dass die Germanen die gleichen Götter verehrten.[602] Dies liegt unter Umständen daran, dass bereits in der Spätantike und im frühen Mittelalter eine hohe Mobilität herrschte. Mönche zogen von Irland aufs Festland,[603] Händler bereisten die großen Handelswege und auch die Wikinger suchten weitentfernte Orte auf. Simek berichtet, dass „das skandinavische Weltbild von der Praxis der Reise her […] offen, nicht geschlossen und begrenzt […]“[604] war. Die Wikinger waren selbst für heutige Verhältnisse recht

[601] Vgl. Simek: *Lexikon Mythologie*, S. 310.

[602] Vgl. Eliade: *Geschichte der religiösen Ideen*, S. 138.

[603] Vgl. Gudrun Gleba: *Klosterleben im Mittelalter*. Darmstadt 2004, S. 47f.

[604] Simek: *Religion der Germanen*, S. 177.

gut darin, Entfernungen zu überbrücken. Sie brauchten zum Beispiel „sieben Tage von Norwegen nach Island und [...] vier weitere nach Grönland."[605] Das Wort „heimskr, wörtlich ‚daheimgeblieben', bedeutet altnord. ‚dumm, simpel'."[606] Dies zeigt, dass zumindest die Wikinger ihre Mythen in andere Gegenden transportierten. Reisen bildet den Reisenden und die, die aufgesucht wurden, denn „[Reisen] verändert auch die Symboltopographien, schafft Dominanzen durch Import und Nachahmungen von Weltanschauungen, Lebensstilen, Mentalitätsfiguren, symbolischen Ordungen."[607] Nicht nur Menschen, sondern auch Mythen waren zu allen Zeiten mobil. Ein weiterer Beleg dafür ist das Vorkommen von Typen des zweiten Merseburger Zauberspruchs in ganz Europa.[608]

Die Möglichkeiten, auch in die küstenfernen Gebiete zu reisen, ergaben sich an der Nordsee durch große Flüsse wie den Rhein und bei Hamburg durch die Elbe. Des Weiteren führten diverse Handelsstraßen, wie zum Beispiel der „Hellweg"[609] oder „Die alte Salzstraße"[610], quer durch Deutschland, sodass die gro-

---

605 Ebd., S. 178.

606 Ebd., S. 177.

607 Walter Schmitz: „Mobilität des Menschen". In: Karl-Siegbert Rehberg u. a. (Hg.): *Mobilität – Raum – Kultur. Erfahrungswandel vom Mittelalter bis zur Gegenwart.* Dresden 2005. S. 1–22, hier: S. 6.

608 Vgl. Hampp: *Beschwörung*, S. 247f.

609 Vgl. Dreyer-Eimbcke: *Alte Straßen*, S. 235.

610 Vgl. ebd., S. 29.

ßen Handelszentren miteinander verbunden waren. Ein weiteres Beispiel für die Mobilität der Menschen ist die Fahrt des Arabers Ibn Fadlan, der bis an die Wolga reiste.[611]

Wenn man diese Aspekte berücksichtigt, lässt sich die Frage beantworten, ob eine Verehrung des Gottes Balder auf dem europäischen Festland aufgrund der räumlichen Trennung möglich gewesen ist. Damit lässt sich die Existenz eines Balderkultes im frühen Mittelalter zwar nicht belegen, aber auch nicht widerlegen.

9.5.2 Die Bedeutung der *historiola*

Beck ist, wie schon in Kapitel 9.2 erwähnt, der Meinung, dass die *incantatio* und die zu erzielende Heilwirkung wichtiger sei als die *historiola*, die „im Hinblick auf die *incantatio* nur illustrierendes, sekundäres Beiwerk“ sei.[612] Diese Aussage ist zweifelhaft, da die Beschwörung ohne die *historiola* ihre magische Wirkung verlieren würde. Der Zauberspruch mit *historiola* bezieht „ihren magischen Wirkanspruch vor allem aus dem Bezug auf eine göttliche Macht und deren Wirken ‚in illo tempore‘.“[613] Durch die Eingangsformel tritt der Zaubernde in die „heilige Zeit“ ein und nimmt so Kontakt zur Gottheit auf. Diese selbst wirkt in der *historiola*.[614] Der „Wirkanspruch“ des Zaubers „[erfährt]

---

[611] Vgl. Hasenfratz: *Die religiöse Welt*, S. 13.

[612] Beck: „birenkcit“, S. 98.

[613] Schulz: *Wiederherstellung der Ordnung*, S. 286.

[614] Vgl. Hampp: *Beschwörung*, S. 175.

eine ungeheure Potenzierung",[615] da es nicht der Zaubernde ist, der in ihm wirkt, „sondern die Gottheit selbst."[616] Die Worte sind die, die die Gottheit selbst *in illo tempore* gesprochen hat. Wäre die *historiola* nur „illustrierendes, sekundäres Beiwerk",[617] dann käme es bei der Beschwörung nur auf die Macht des Sprechers an, die *historiola* wäre komplett überflüssig. Beck unterschätzt unter anderem auch die Bedeutung des *Mythos* für den religiösen Menschen. Dieser ist erzählte Wirklichkeit, der *archaische Mensch*, der diese Sprüche anwendete, lebte diese Mythen.[618] Beck begeht mit seiner oben genannten These den Fehler, zu sehr von der Denkweise des modernen Menschen auszugehen.

9.5.3 Variablität der Zaubersprüche

Wenn Rosenfeld behauptet, dass Wodan in der Urfassung des zweiten Merseburger Zauberspruchs allein gewirkt hat, so ist dies aufgrund des großen Variantenreichtums des Zauberspruchs[619] nicht zu widerlegen. Genzmer ist ebenfalls der Ansicht, dass neben der sehr ausführlichen Fassung des zweiten Merseburger Zauberspruchs eine schlichtere gegeben haben muss:[620]

---

[615] Schulz: Wiederherstellung der Ordnung, S. 290.

[616] Ebd.

[617] Beck: „birenkcit", S. 98.

[618] Vgl. Eliade: Mythen, S. 12.

[619] Vgl. Naiditch: „Erzählstruktur", S. 185f.

[620] Vgl. Felix Genzmer: „Germanische Zaubersprüche". In: *Germanisch-romanische Monatsschrift* 1/32 (1950/51). S. 21–34, hier: S. 32.

> Neben der reich entfalteten Merseburger Form wird es daher von alters her noch eine einfachere gegeben haben, die das Muster für alle Nachbildungen geliefert hat.[621]

Im zweiten Merseburger Spruch treten, je nachdem, welche Meinung man vertritt, sechs oder sieben Personen auf, in „späteren Fassungen seines Typs dagegen nur eine oder zwei Personen."[622]

Die späteren Fassungen des zweiten Merseburger Spruchs sind in verschiedenen Variationen in folgenden Ländern zu finden: „Deutschland und die deutschen Sprachinseln Ungarns und Rumäniens, Ungarn, Rumänien, Rußland, Estland, Litauen, Lettland, Finnland, Norwegen, Schweden, Dänemark, England, Schottland."[623]

Dies belegt vor allem die Mobilität von Mythen und Kulturinhalten (siehe auch Kapitel 9.5.1), aber auch die Variationsfähigkeit des Zauberspruchs.

---

[621] Ebd.

[622] Hampp: *Beschwörung*, S. 247.

[623] Ebd., S. 247f.

10 Die Kirche und *Aberglauben*

Die Kirche hat unerwünschte religiöse Formen als *Aberglauben* bezeichnet. Doch wie ist dieser Begriff zu definieren? In unserem heutigen Wortschatz ist der abergläubisch, der

> eine kausale Beziehung herstellt zwischen einem scheinbar bedeutsamen Faktum – dreizehn Gäste an einer Tafel, das Umwerfen eines Salznäpfchens, das Zerbrechen eines Glases – und einem zumeist zukünftigen Ereignis, dessen Eintreffen er entweder erhofft und befürchtet (und dann zu vermeiden) sucht.[624]

Aus der Sicht der frühmittelalterlichen Kirche ist es *Aberglaube*, wenn Praktiken durchgeführt werden, die der kirchlichen Lehre widersprechen. *Aberglaube* ist also eine Frage des eigenen Standpunktes. Mörschel schreibt hierzu:

> Der Begriff des Aberglaubens bestimmt sich jeweils von dem religiösen oder wissenschaftlichen Standpunkt seines Darstellers aus. Inhaltlich ist der Begriff des Aberglaubens nicht festgelegt. Er wird immer von dem eigenen, als wahr oder richtig empfundenen Standpunkt auf einen zweiten, vom richtigen Glauben, Verhalten, abweichenden, d.h. abergläubischen Zustand angewendet. Aberglaube taucht als

[624] Schmitt: *Heidenspaß*, S. 11.

> solcher immer da auf, wo der ursprüngliche wahre Glaube in Frage gestellt ist.[625]

Die Zeit des frühen Mittelalters war eine Zeit, in der sich das Christentum noch nicht in ganz Europa etabliert hatte. Die Menschen des frühen Mittelalters wurden zwar christianisiert, allerdings war dies nicht von heute auf morgen möglich. Der Prozess der Christianisierung umfasste den Zeitraum vom 3. bis zum 12. Jahrhundert, also einen Zeitraum von 900 Jahren.[626]

Die verschiedenen germanischen Stämme hielten unterschiedlich lange an ihren alten Glaubenskonzepten fest.[627] Vor 417 werden die Burgunder als katholische Christen genannt, danach die Langobarden, deren König Alboin um 568 Christ wird. Bei den linksrheinischen Franken des Merowingerreiches beginnt das Christentum offiziell mit dem Übertritt Chlodwigs zum Christentum.[628] Die Christianisierung der „rechtsrheinischen Stämme der Alemannen, Rhein- und Ostfranken, Thüringer und Baiern folg[te] unter dem Einfluss der fränkischen Herrschaft sowie der iroschottischen Mission des siebenten Jahrhunderts und der angelsächsischen des siebten und achten, zuletzt durch Bonifatius."[629] Die Frie-

[625] U. Mörschel: „Aberglaube". In: *LexMA*. Hg. v. Angermann / Bautier. Bd. 1, Sp. 29.

[626] Vgl. Simek: *Religion der Germanen*, S. 228.

[627] Vgl. Karl Helm: *Altgermanische Religionsgeschichte*. 2 Bde. Bd. 2. Heidelberg 1937, S. 9.

[628] Vgl. ebd.

[629] Ebd.

sen und die Sachsen sind die Stämme, die am längsten an ihrem Glauben festgehalten haben. Die Sachsen wurden durch die Kriegszüge Karls des Großen Christen.[630]

In der Regel nahmen die Herrscher zuerst die christliche Religion an, meist aus politischen Erwägungen. Das Volk jedoch musste erst von dem neuen Glauben informiert werden. Neiske schreibt hierzu: „Der Bekehrung des Herrschers folgt eine lange, oft über Jahrhunderte andauernde Phase der religiösen Bildung des Volkes."[631]

Die zu bekehrende Bevölkerung „lebte im Mittelalter auf dem Land."[632] Dies waren circa 90 Prozent der Bevölkerung.[633] Diese Menschen waren hauptsächlich in der Landwirtschaft tätig und „hatten ein besonders enges Verhältnis zur Natur und ihren Rhythmen."[634] Das Zeitverständnis und die Religiosität der Landbevölkerung wurden demnach „maßgeblich durch die Natur und ihre immer wiederkehrenden Zyklen bestimmt."[635]

Die Religiosität und die Bräuche verschwanden nicht automatisch mit der Bekehrung des Herrschers, sondern mussten durch diverse Maßnahmen unterbunden werden.

---

[630] Vgl. ebd.

[631] Neiske: *Europa*, S. 88.

[632] Oliver Bidlo: *Rastlose Zeiten. Die Beschleunigung des Alltags*. Essen 2009, S. 33.

[633] Vgl. ebd.

[634] Ebd.

[635] Ebd.

Im *Indiculus Superstitionum Et Paganiarum*, einer kirchlichen Handschrift in lateinischer Sprache aus dem 8. Jahrhundert,[636] werden „heidnische und christlich-abergläubische Vorstellungen und Gebräuche“[637] aufgezählt:

1. *De sacrilegio ad sepulchra mortuorum.* – „Über das Opfer an Gräbern der Toten“
2. *De sacrilegio super defunctos id est dadsisas.* – „Über das Opfer über den Toten, d.h. Totenmahl“
3. *De spurcalibus in Februario.* – „Über Festmähler im Februar“
4. *De casualis id est fanis.* – „Über kleine Gebäude, d.h. Heiligtümer“
5. *De sacrilegiis per aeccelsias.* – „Über das Opfer an Kirchen“
6. *De sacris siluarum quae nimidas vocant.* – „Über Waldheiligtümer, die sie Nimidas nennen“
7. *De hiis quae faciunt super petras.* – „Über das, was sie an bestimmten Steinen tun“
8. *De sacris Mercurii, vel Iovis.* – „Über Heiligtümer Merkurs und Jupiter“
9. *De sacrificio quod alicui sanctorum.* – „Über den Gottesdienst, der für einen Heiligen geschieht“
10. *De filacteriis et ligaturis.* – „Über Nestelknüpfen und Fesselungen“

[636] E. Meineke: „Indiculus Superstitionum Et Paganiarum“. In: *Reallexikon der germanischen Altertumskunde.* Hg. v. Heinrich Beck u. a. 2., völlig neu bearb. und stark erw. Aufl. 35 Bde. Berlin u. New York 2000. Bd. 15, S. 369.

[637] Ebd.

11. *De fontibus sacrificiorum.* – „Über Quellengottesdienste“
12. *De incantationibus.* – „Über Gesänge“
13. *De auguriis vel avium vel equorum vel bovum stercora vel sternutationes.* – „Über Vorhersagungen aus Mist der Vögel, Pferde oder Rinder“
14. *De divinis vel sortilogis.* – „Über Göttliches und Schicksalhaftes“
15. *De igne fricato de ligno id est nodfyr.* – „Über das durch ein geriebenes Holz [entfachte] Feuer, das heisst Nodfyr“ – (Nodfyr = Notfeuer)
16. *De cerebro animalium.* – „Über Tierhirne“
17. *De observatione pagana in foco, vel in inchoatione rei alicujus.* – „Über heidnische Beobachtung in der Pfanne, oder im Anfang irgendeiner Sache“
18. *De incertis locis quae colunt pro sacris.* – „Über ungenau zu lokalisierende Orte, die sie als Heiligtümer verehren“
19. *De petendo quod boni vocant sanctae Mariae.* – „Über Anrufung, die Gutgesinnte als die der Heiligen Maria bezeichnen“
20. *De feriis quae faciunt Jovi vel Mercurio.* – „Über Feiern, die sie für Jupiter und Merkur veranstalten“
21. *De lunae defectione, quod dicunt Vinceluna.* – „Über Mondschäden, die sie vinceluna nennen“
22. *De tempestatibus et cornibus et cocleis.* – „Über Stürme, Stierhörner und Schnecken“
23. *De sulcis circa villas.* – „Über Ackerfurchen rund um Gehöfte“

24. *De pagano cursu quem yrias nominant, scissis pannis vel calceis.* – „Über den heidnischen Brauch, den sie Yriae nennen mit Tüchern und Schuhen“
25. *De eo, quod sibi sanctos fingunt quoslibet mortuos.* – „Über das, was sie für sich als heilige Tote bezeichnen/ erdichten“
26. *De simulacro de consparsa farina.* – „Über ein Opfer mit verstreutem Getreide“
27. *De simulacris de pannis factis.* – „Über Opfer mit Tuchstücken“
28. *De simulacro quod per campos portant.* – „Über Opfer, wobei sie etwas über die Felder tragen“
29. *De ligneis pedibus vel manibus pagano ritu.* – „Über hölzerne Füße und Hände nach heidnischem Ritus“
30. *De eo, quod credunt, quia feminae lunam commendent, quod possint corda hominum tollere juxta paganos.* – „Über das, von dem sie glauben, da es die Frauen dem Mond vertrauen, das es die Herzen der Menschen erheben kann gemäss den Heiden“[638]

Die als sächsische Hauptgötter genannten Merkur und Jupiter stehen, wie schon in Kapitel 8.2.1 genannt, eigentlich für Thor und Odin.[639] Es ist in Quellen aus der Karolingerzeit belegt, dass es noch „Heiligtümer [...] des Wodan und Donar“,[640] aber auch „Feste“[641] für

[638] Cod. Vat. Pal., 577, fol. 7; zit. nach Rau: *Briefe des Bonifatius*, S. 444; Übersetzung nach Wikipedia.

[639] Vgl. Simek: *Götter und Kulte*, S. 64.

[640] Rau: *Briefe des Bonifatius*, S. 447.

[641] Ebd.

diese Götter gegeben hat. Auch Punkt 12., *De incantationibus*[642], gibt Hinweise darauf, dass Zaubersprüche von der Kirche als heidnisch und abergläubisch betrachtet wurden. Man kann aus diesen Verboten folgern, dass Zaubersprüche, in denen heidnische Götter wirken, ebenfalls zum *Aberglauben* zählten und demnach den Christen verboten wurden.

Die aufgezählten Bräuche zeigen aber auch, dass das Volk gleichzeitig christliche und heidnische Bräuche betrieb. Odin und Christus zum Beispiel wurden auch nach der offiziellen Christianisierung gleichzeitig verehrt, wahrscheinlich aus der Furcht heraus, eine falsche Wahl zu treffen.[643]

Auch das *Concilium Germanicum*, eine Reformsynode, die 742 zum Zwecke der „Reform der fränkischen Reichskirche“[644] einberufen wurde, wollte Missstände der Kirche beseitigen.[645] Dazu zählten auch heidnische Bräuche und Sitten, für deren Unterlassung jeder Bischof und jeder weltliche Herr der jeweiligen Region zu sorgen hatte:

> *Decrevimis, ut secundum canones unusquisque episcopus in sua parrochia sollictudinem adhibeat adiuvante gravione, qui defensor aecclesiae est, ut populus Die paganias non faciat, sed ut omnes spurcitias gentilitatis abiciat et respuat, sive sacrificias mortuorum*

---

[642] Cod. Vat. Pal., 577, fol. 7, zit. nach Rau: *Briefe des Bonifatius*, S. 444.

[643] Vgl. Neiske: *Europa*, S. 93.

[644] Rau: *Briefe des Bonifatius*, S. 376.

[645] Vgl. Gleba: *Klosterleben*, S. 52.

> *sive sortilegos vel divinos sive filacteria et auguria sive incantationes sive hostias immolaticias, quas stulti homines iuxta aecclesias ritu pagano faciunt sub nomine sanctorum martyrum vel confessorum, Deum et suos sanctos ad iracundiam provocantes, sive illos sacrilegos ignes, quos niedfyr vocant, siveomnes, quecumque sint, paganorum observationes diligentes prohibeant.*[646]

> Wir verfügten ferner, dass nach den Satzungen jeder Bischof in seiner Diözese unter Beihilfe des Grafen, welcher der Schützer der Kirche ist, Sorge tragen soll, dass das Volk Gottes nichts Heidnisches treibe, sondern allen Unflat des Heidentums abstreife und verabscheue, als seien es Totenopfer, Losdeuterei, Zauberei, Amulette, Wahrsagerei, Beschwörungen oder Schlachtopfer, die einfältige Menschen nach heidnischem Brauch bei Kirchen unter dem Namen von heiligen Märtyrern und Bekennern vornahmen, wodurch sie den Zorn Gottes und der Heiligen herausfordern, oder jene gotteslästerlichen Feuer, die sie Niedfyor nennen, und er soll ihnen überhaupt jeglichen heidnischen Gebrauch, von welcher Art er sei, sorgsam verbieten.[647]

Im *Concilium Germanicum* werden die gleichen Dinge angeprangert, nämlich „Totenopfer, Losdeuterei,

[646] Concilium Germanicum,V, 12–22; zit. nach Rau: *Briefe des Bonifatius*, S. 380.

[647] Übersetzung nach Michael Tangl: *GdV 92*. Leipzig 1912, S. 87–91; zit. nach Wilfried Hartmann (Hg.): *Geschichte in Quellen und Darstellung Band 1 – Frühes und hohes Mittelalter 750–1250*. Stuttgart 1995, S. 29f.

Zauberei, Amulette, Wahrsagerei, Beschwörungen [und] Schlachtopfer.“[648]

Der Kampf gegen den *Aberglauben* „ist [gleichzeitig] ein Kampf um die Vormacht der Religionen“ gewesen.[649] Manchmal wurde die Heidenmission auch von Taten begleitet, die man als gewaltsame Machtdemonstrationen ansehen kann.[650] In der *Vita Bonifatii* wird geschildert, wie Bonifatius eine heilige Eiche fällt:

> Mit deren Rat und Hilfe [gemeint sind die, die den heidnischen Göttern schon abgeschworen haben] unternahm er es, eine ungeheure Eiche, die mit ihrem alten heidnischen Namen die Jupitereiche genannt wurde, in einem Orte, der Gäsmere hieß, im Beisein der ihn umgebenden Knechte Gottes zu fällen. Als er nun in der Zuversicht eines standhaften Geistes den Baum zu fällen begonnen hatte, verwünschte ihn die große Menge der anwesenden Heiden als einen Feind ihrer Götter lebhaft in ihrem Innern. Als er jedoch nur ein wenig den Baum angehauen hatte, wurde sofort die gewaltige Masse der Eiche von höherem göttlichen Wehen geschüttelt und stürzte mit gebrochener Krone zur Erde, und wie durch höheren Winkes Kraft barst sie sofort in vier Teile, und vier ungeheuer große Strünke von gleicher Länge stellten sich […] dem Auge dar.[651]

---

[648] *Vita Bonifatii*, 6, 14.

[649] Neiske: *Europa*, S. 95.

[650] Vgl. Schmitt: *Heidenspaß*, S. 42.

[651] *Vita Bonifatii*, 6, 14.

Es ging bei der Heidenmission auch darum, zu zeigen, welcher Gott der mächtigere war, denn dieser wurde dem schwächeren vorgezogen.[652] Schulz beschreibt, dass es wichtig war, dass „der Gottessohn […] mächtiger als all seine Feinde“[653] war. Das Fällen der Eiche ist ein Zeichen der „Ohnmacht der ‚heidnischen‘ Magie.“[654] Bonifatius gelingt es, mit Hilfe seines Gottes, das Kräftemessen für sich zu entscheiden. Augustinus nutzt das Argument des stärkeren Gottes, indem er behauptet, dass die antiken heidnischen Götter Troja nicht haben schützen können: *Ipsa, ut dixi, mater populi Romani, sacratis locis deorum suorum munire non potuit cives suos ab ignibus ferroque Graecorum, eosdem ipsos deos colentium* […].[655]

Doch zurück zur Tat des Bonifatius. Als die Heiden sehen, dass die Eiche ohne Eingreifen des Gottes gefällt werden konnte, „wurden sie umgewandelt, ließen von ihrem früheren Lästern ab, priesen Gott und glaubten an ihn.“[656] Als letzte Demonstration der Macht seines Gottes lässt Bonifatius aus der heiligen Eiche ein Bethaus errichten: „Darauf erbaute der hochheilige Bischof […] aus dem Holzwerk dieses Baumes ein Bethaus und weihte es zu Ehren des heiligen Apostel Petrus.“[657]

---

[652] Vgl. Neiske: *Europa*, S. 93.

[653] Schulz: *Wiederherstellung der Ordnung*, S. 286.

[654] Hartung: „Schriftlichkeit“, S. 116.

[655] *Aug. civ.* 1, 4.

[656] *Vita Bonifatii*, 6, 14.

[657] Ebd.

Doch nicht immer bediente sich die Kirche „rabiater Methoden.“[658] Oft war die Anwendung von Zwang und Gewalt aufgrund „realer Kräfteverhältnisse“[659] nicht möglich oder „sie vermied es ganz bewußt, den heidnischen Kult in einem einzigen Gewaltakt auszurotten, und versuchte vielmehr, diesem eine christliche Form zu geben.“[660] Dies war auch notwendig, da es für die Andersgläubigen „nicht nur einen radikalen Bruch mit der Vergangenheit, sondern auch mit allen Lebensregeln der Gegenwart“[661] bedeutet hätte, hätte man all ihre Gewohnheiten verboten.[662]

Beda zitiert den Brief an Mellitus, in dem Gregor der Große dem Erzbischof Mellitus von Canterbury eine weniger gewaltvolle Methode der Christianisierung rät:[663]

> *[…] uidelicet, quia fana idolorum destrui in eadem gente minime debeant, sed ipsa, quae in eis sunt, idola destruantur, aqua benedicta fiat, in eisdem fanis aspergatur, altaria construantur, reliquiae ponantur. Quia, si fana eadem bene constructa sunt, necesse est, ut a cultu daemonum in obsequio ueri Dei debeant commutari, ut dum gens ipsa eadem fana sua non uidet destrui, de corde errorem deponat, et Deum uerum cognoscens ac adorans, ad loca, quae consueuit, familiarus concurrat.*[664]

---

658 Schmitt: *Heidenspaß*, S. 42.

659 Ebd.

660 Ebd.

661 von Padberg: *Christianisierung*, S. 35.

662 Vgl. ebd.

663 Vgl. Schmitt: *Heidenspaß*, S. 43.

664 Beda, *Hist. ecc. gen. Angl.* I, 30.

> Das heißt, dass die Heiligtümer der Götzenbilder des Volkes so wenig wie möglich zerstört werden dürfen, aber die Götzen selbst, die sich darin befinden, müssen zerstört werden. Sie sollen mit Weihwasser besprengt werden, die Altäre sollen zerstört und ihre Überreste dort [drin] abgelegt werden. Denn wenn die Heiligtümer gut konstruiert sind, ist es notwendig, dass sie vom Zwecke des Dämonenkults umkonstruiert werden in eine Verehrungsstätte des wahren Gottes, sodass solange das Volk das Heiligtum [von außen] selbst nicht als zerstört erblickt, sie vielleicht den Fehler in ihrem Herzen erkennen und in Wissen und Liebe zum wahren Gott sich dort an ihren gewohnten Plätzen versammeln werden.[665]

Dieser Brief „galt noch im 10. Jahrhundert […] als Autorität."[666] Damit die Mission der Andersgläubigen gelang, „mußte die christliche Substitution heidnischer Kulte an deren Verwurzelung in heiliger Erde ebenso anknüpfen wie an die Zeit des heidnischen Festkalenders."[667] Dadurch, dass das Christentum mythische Elemente anderer Religionen substituiert, wird „es aufgrund dieser universalen Mythologie und Symbolik […] auch außerhalb seines ursprünglichen Verbreitungsgebiets zugänglich."[668]

---

[665] Eigene Übersetzung.

[666] Schmitt: *Heidenspaß*, S. 43.

[667] Ebd., S. 44.

[668] Eliade: *Geschichte der religiösen Ideen*, S. 289.

11 Heidnisch oder christlich? – zwei Sprüche im Vergleich

Um die Frage zu beantworten, wie heidnisch oder christlich die althochdeutschen Zauber- und Segenssprüche sind, ist es hilfreich, einen Segensspruch mit christlichem Personal und einen heidnischen Zauberspruch zu vergleichen. Verglichen werden der *zweite Merseburger Zauberspruch* und der *Trierer Spruch* aus dem 10. Jahrhundert. Steinmeyer bezeichnet den *Trierer Spruch* als „altsächsische[n], von einem Rheinfranken umgeschriebenen Spruch.“[669]

Dieser lautet folgendermaßen:

> *Quam Krist endi sancte Stephan zi ther burg zi Saloniun: thar uuarth sancte Stephanes hros entphangan. Soso Krist gibuozta themo sancte Stephanes hrosse thaz entphangana, so gibuozi ihc it mid Kristes fullesti thessemo hrosse. Paster noster. Uuala Krist, thu geuuertho gibuozian thuruch thina gnatha thesemo hrosse thaz antphangana atha thaz spurialza, sose thu themo sancte Stephanes hrosse gibuoztos zi thero burg Saloniun. Amen.*[670]

Es kam Christus und der heilige Stephan in die Stadt Jerusalem: Da wurde das Pferd des heiligen Stephan verfangen. Wie Christus des heiligen Stephan Pferd heilte, das verfangen war, so heile

[669] von Steinmeyer (Hg.): *Sprachdenkmäler*, S. 367.

[670] Ebd.

> ich mit der Hilfe Christi dieses Pferd. Vater unser. Wohl Christus, lasse dich herab zu heilen durch deine Gnade dieses Pferd, das verfangen wurde, oder das spurihalz hat, so wie du das Pferd des heiligen Stephan heiltest in der Stadt Jerusalem. Amen.[671]

Die beiden Sprüche weisen Ähnlichkeiten auf. Beide Sprüche sind dem Wanderschaftstypus zuzuordnen.[672] Im Trierer Spruch wird das verletzte Pferd allerdings nicht von heidnischen Göttern, sondern von Jesus Christus geheilt. Er ist der Heilende in diesem Spruch, während der heilige Stephan und sein Pferd die Geschädigten sind. Ein Schadender wird in diesem Spruch nicht genannt.[673] Die Eingangszeile, die *in illo tempore* einführt[674] lautet: „Quam Krist endi sancte Stephan zi ther burg zi Salonium."[675] Im Gegensatz zum Merseburger Spruch ist der Wirkungsort nicht der Wald, sondern das heilige Jerusalem, dessen Heil bis in die Gegenwart ausstrahlt.[676] Dort wurde von Christus ein Pferd geheilt und die gleiche Tat soll auch im Hier und Jetzt geschehen. Es ist hier nicht so wichtig, dass die Geschichte der *historiola* exakt einer Geschichte aus der Bibel entspricht. Wichtiger ist,

---

[671] Übersetzung nach Müller: *Althochdeutsche Literatur*, S. 273.

[672] Vgl. Hampp: *Beschwörung*, S. 216.

[673] Vgl. Naiditch: „Erzählstruktur", S. 172.

[674] Vgl. ebd., S. 178.

[675] von Steinmeyer (Hg.): *Sprachdenkmäler*, S. 367.

[676] Schulz: *Wiederherstellung der Ordnung*, S. 364.

dass christliche Protagonisten in der *historiola* wirken.[677] Es ist nach Haeseli nicht bedeutend, ob die Heilung des Pferdes wirklich so geschehen ist. Von Belang ist „die Referenz auf den göttlichen Arzt, der als Heiler schlechthin gilt und damit einen spezifischen Typus repräsentiert.“[678] Das Bild von Jesus Christus als Heiler und Arzt hat sich bis ins späte Mittelalter erhalten.[679]

Ein wichtiger Unterschied zum zweiten Merseburger Zauberspruch ist, dass nach der *historiola* ein *Pater noster* verlangt wird. Wenn man die Beschwörung betrachtet – wenn man diese überhaupt noch als Beschwörung betrachten kann –, wird der Unterschied deutlich: Ist diese im zweiten Merseburger Zauberspruch noch ein beschwörendes „ben zi bena, bluot zi bluoda“, so ist der zweite Teil des *Trierer Pferdesegens* eine Bitte. Der Sprecher heilt „mid Kristes fullesti.“ Des Weiteren ist die Bitte „Uuala Krist, thu geuuertho gibuozian thuruch thina gnatha“ äußerst demütig und weit entfernt davon, eine übersinnliche Macht zu zwingen, wie es in magischen Handlungen üblich ist.[680] „Die Grenze des Magischen“ ist erreicht, wenn sich der Sprecher auf „Gott, Christus und Maria“ beruft.[681] Der Abstand zum Gebet ist dann nur noch

---

677 Vgl. dies.: *Beschwörungen im Mittelalter*, S. 9.

678 Christa M. Haeseli: *Magische Performativität. Althochdeutsche Zaubersprüche in ihrem Überlieferungskontext*. Würzburg 2011, S. 111.

679 Vgl. ebd.

680 Vgl. Hampp: *Beschwörung*, S. 10.

681 Ebd., S. 124.

klein.[682] Auch das „Amen“ am Ende der Beschwörung nähert diese dem Gebet an. Es ist wahrscheinlich, dass diese „christliche Aktivierungsformel[n] ihre Bewahrung [der Zaubersprüche] in klösterlichen Handschriften“[683] ermöglichten. Genzmer bezeichnet diesen Spruch als „Gebet mit magischem Einschlag.“[684]

Die Frage, inwieweit die althochdeutschen Zaubersprüche christlich oder heidnisch sind, kann man trotzdem nicht ohne Weiteres beantworten, da es Widersprüche gibt.

Die Idee der Magie, nämlich die eigene aktive Beeinflussung schicksalhafter Vorgänge, entspricht nicht dem christlichen Glaubenskonzept.[685] Von der Kirche gewollt sind das Gebet und die Bitte. Viele althochdeutsche Zaubersprüche nähern sich allerdings dem Gebet an und werden durch eine „christliche Aktivierungsformel“[686] legitimiert. Der Zauberspruch mit einer *historiola* hat schon zu vorchristlichen Zeiten existiert.[687] Hampp bezeichnet Zaubersprüche im Allgemeinen als „Gemeingut der Menschheit.“[688] Auch de Boor sagt in

---

682 Vgl. ebd.

683 Simek: *Religion der Germanen*, S. 218.

684 Genzmer: „Germanische Zaubersprüche“, S. 32.

685 Vgl. Dieter Harmening: *Superstitio. Überlieferungs- und theoriegeschichtliche Untersuchungen zur kirchlich-theologischen Aberglaubensliteratur des Mittelalters*. Berlin 1979, S. 16.

686 Vgl. Simek: *Religion der Germanen*, S. 218.

687 Vgl. Schulz: *Wiederherstellung der Ordnung*, S. 288.

688 Hampp: *Beschwörung*, S. 110.

diesem Zusammenhang: „Magie ist weder heidnisch noch christlich, weder germanisch noch kirchlich: sie ist zeitlos und urtümlich.“[689] Das Christentum hat sich den Zauberspruch zu eigen gemacht und ihn den eigenen Bedürfnissen angepasst. Der magische Spruch, der heidnische Götter anrief, wurde abgelehnt, man „bewahrte aber weitgehend seine Form“,[690] wodurch der Spruch „seinen Wiedererkennungswert“[691] behielt, aber gleichzeitig als „Propaganda gegen die alten Götter“[692] dienen konnte. Im Sinne der Missionsidee von Gregor dem Großen[693] war es auch nützlich, dem Volk seine Zaubersprüche zu lassen. Diese waren dem Volk ein Bedürfnis, wie sich an Kapitel 6.2 ersehen lässt. Wenn Simek also sagt, dass „[…] auf der Ebene des Volksglaubens aus der germanischen Geisteswelt Zaubersprüche in Form von ‚Segen‘ ins Christentum eingeflossen [sind]“,[694] hat er teilweise Recht. Die alte Form der Zaubersprüche wurde mit christlichem Inhalt gefüllt, der alte Inhalt jedoch verschwand.

Im Zuge der Christianisierung verschwanden demnach Sprüche, in denen die alten Götter wirkten, zumindest auf dem Papier. Denn es war in der Tat „das frühe Christentum“, das die althochdeutschen Zauber- und

[689] de Boor: *Geschichte der deutschen Literatur*, S. 94.

[690] Neiske: *Europa*, S. 95.

[691] Ebd.

[692] Ebd.

[693] Vgl. Beda, *Hist. ecc. gen. Angl.* I, 30.

[694] Simek: *Religion der Germanen*, S. 261.

Segenssprüche aufschrieb und durch dieses Schriftmonopol entscheiden konnte, was überliefert werden sollte.[695] In den meisten Fällen wurden die Heilsprüche überliefert. Dies erklärt sich zum einen aus dem nicht zu verdrängenden Bedürfnis der Menschen, schicksalhafte Ereignisse wie Krankheiten zu beeinflussen,[696] zum anderen war „Jesus Arzt und Wundertäter, der alle möglichen Krankheiten heilte und den Besessenen Linderung brachte."[697] Die Dämonenaustreibungen und Heilungen durch Jesus Christus werden als Beginn des Reiches Gottes auf Erden angesehen: „Wo immer das Reich Gottes verkündet wird, da geschehen auch Zeichen und Wunder."[698] Solche Wunder „haben reinigenden [...] oder sozialen Charakter [...] und sind als solche ‚symbolische Handlungen'."[699] Im Neuen Testament heißt es: „Blinde sehen wieder, und Lahme gehen; Aussätzige werden rein, und Taube hören."[700] Das Christentum ist eine Religion, die den sozialen Dienst am Mitmenschen fest in ihr Grundsatzprogramm aufgenommen hat, denn „wahres Christsein [ist] nicht ohne

[695] Vgl. Brian Murdoch: „Drohtin, uuerthe so! – Funktionsweisen der althochdeutschen Zaubersprüche". In: *Literaturwissenschaftliches Jahrbuch* 32 (1991). S. 11–37, hier: S. 14.

[696] Vgl. Malinowski: *Magie, Wissenschaft und Religion*, S. 121.

[697] Eliade: *Heiliges und Profanes*, S. 285.

[698] Angenendt: *Heilige und Reliquien*, S. 30.

[699] Ders.: „Wunder". In: *LexMA*. Hg. v. Angermann / Bautier. Bd. 9, Sp. 353.

[700] Mt 11,15.

Sozialtätigkeit vorstellbar."[701] Die Jünger bekommen am Ende des Markusevangeliums sogar explizit den Auftrag, Kranke zu heilen und Dämonen auszutreiben:

> Die Zeichen, die denen folgen werden, die glauben, sind diese: in meinem Namen werden sie böse Geister austreiben [...]; Kranken werden sie die Hände auflegen, und die werden gesundwerden.[702]

Da „die Nachahmung Christi als eines beispielhaften Vorbildes"[703] die Aufgabe eines jeden Christen ist, werden die Heilsprüche, obwohl sie von ihrer Form her magisch sind, legitimiert.

Durch die Übernahme der alten Form entstehen aber auch Widersprüche, denn der Einsatz eines Zauberspruchs mit *historiola* setzt mythisches Denken voraus, der Glaube an ein göttliches Wirken *in illo tempore*. Der *Mythos* ist ontologisch, das bedeutet, dass die Mythen für den religiösen Menschen erzählte Wirklichkeit sind.[704] Die „Segenszeit" ist eine Zeit außerhalb der Geschichte, eine Zeit, die „nicht an der Zeitlichkeit teilhat."[705] Die geschilderten Götter haben irgendwann, in einer Zeit außerhalb der linearen Zeit,[706] eine

[701] Angenendt: *Heilige und Reliquien*, S. 27.

[702] Mk 16,17.

[703] Eliade: *Mythen*, S. 29.

[704] Vgl. ebd., S. 11.

[705] Ebd., S. 13.

[706] Ebd.

Handlung durchgeführt, die man wiederholen kann, wenn man sich durch bestimmte Handlungen oder Sprachformeln zurück in eine „heilige" Zeit begibt. Wir wissen, dass Wodan irgendwann den Fuß eines Pferdes geheilt hat, wir wissen aber nicht wann.

Das Christentum unterscheidet sich von anderen Religionen dadurch, dass „durch das jüdisch-christliche Denken ein zeitlicher Anfang und ein zeitliches Ende etabliert wurde."[707] Demnach liegt sein *in illo tempore* in einer linearen Zeit.[708] Der Mensch Jesus Christus ist in einem bestimmten Jahr der historischen Geschichte geboren worden und ist auf historische Personen getroffen. Die christliche Religion ist dermaßen an eine konkrete Zeit gebunden, dass man Zeitangaben mit „vor Christi Geburt" und „nach Christi Geburt" festsetzt. In den Beschwörungen wird im Rahmen der *historiola* die Geschichtlichkeit ausgesetzt, „das Heilsereignis erscheint nach Belieben abrufbar."[709] Die von der Kirche „geforderte Geschichtlichkeit der christlichen Heilsereignisse"[710] wird im Rahmen der Zaubersprüche ausgesetzt. Im Zauberspruch ist „die Betrachtung der Zeit […] nicht linear, sondern zyklisch, teilweise gebunden an gewisse kalendarische Fixpunkte der Heilsereignisse wie den Karfreitag […]."[711] Der Ursprung

707 Bidlo: *Rastlose Zeiten*, S. 33.

708 Vgl. Eliade: *Mythen*, S. 28ff.

709 Schulz: *Wiederherstellung der Ordnung*, S. 363.

710 Ebd., S. 362.

711 Ebd., S. 363.

der christlichen Heilsereignisse liegt jedoch „in einem unmythischen Geschehen […], in einer menschlichen Lebensgeschichte, deren eigene Bewußtseinsverfassung nicht mythisch, sondern eschatologisch geprägt war."[712] Ausnahmen gibt es auch während des Gottesdienstes, „denn die liturgische Zeit, in welcher der Christ während des Gottesdienstes lebt, ist nicht mehr die profane Dauer, sondern vielmehr die heilige Zeit schlechthin, die Zeit in der Gott Fleisch angenommen hat, das illud tempus der Evangelien."[713] Dennoch ist das Zeitempfinden des Christentums linear, der Christ lebt, im Gegensatz zu Anhängern anderer Religionen, in einer historischen Zeit:[714]

Außerhalb des Judentums hat keine vorchristliche Religion die Geschichte als unmittelbare und nicht umkehrbare Kundgebung Gottes in der Welt und den Glauben […] als einziges Mittel des Heils gewertet.[715]

Die germanische Religion hingegen kannte „die Lehre von den kosmischen Zyklen, den Mythos der periodischen Schöpfung und der Zerstörung der Welt."[716] Die Geschichtlichkeit und die Wichtigkeit des Glaubens an einen einzigen Gott spielten in der germanischen Religion, die auch fremde Götter

---

[712] Wolfhart Pannenberg: *Christentum und Mythos. Späthorizonte des Mythos in biblischer und christlicher Überlieferung.* Gütersloh 1972, S. 66.

[713] Eliade: *Mythen*, S. 29f.

[714] Vgl. ebd., S. 28ff.

[715] Ebd., S. 28.

[716] Ebd., S. 24.

integrierte, keine Rolle. Wie sehr sich das christliche und das germanische Denken unterschieden, wurde bereits in Kapitel 6.2 geschildert.

Während das christliche Denken die Nachfolge Christi[717] und „[das] Sozialengagement“[718] in den Mittelpunkt stellte, drehte sich das germanische Denken vornehmlich um den Kampf, die Ehre und das *Heil*. Dies wurde von der germanischen Religion legitimiert.[719] Wenn Wodan also ein Pferd heilt, so tut er das, weil er der Gott der Magie ist und nicht aus einer karitativen Haltung heraus. Die Heilung hat nicht den symbolischen Mehrwert der biblischen Heilung, die anagogisch auf das Reich Gottes verweist. Es wird zwar *in illo tempore* die Ordnung wiederhergestellt, jedoch hat diese Heilung einen heidnischen Bezugsrahmen, der sich grundlegend vom christlichen Denken unterscheidet.

Ein weiterer Unterschied ist die Wichtigkeit des Glaubensbekenntnisses. Da der christliche Glaube monotheistisch ist, ist das „Glaubenszeugnis“ das „einzige[…] Mittel des Heils.“[720] Andere Götter dürfen nicht mehr angebetet werden: *non habebis deos alienos coram me.*[721]

Auch dies unterscheidet das Christentum deutlich von anderen Religionen.

---

717 Vgl. ebd., S. 29.

718 Angenendt: *Heilige und Reliquien*, S. 27.

719 Vgl. von Padberg: *Christianisierung*, S. 40f.

720 Eliade: *Mythen*, S. 28; vgl. auch Angenendt: *Heilige und Reliquien*, S. 32.

721 Ex 20,3.

12 Fazit

Wenn man beginnt, sich mit Zaubersprüchen zu befassen, sticht eines sofort ins Auge: Der Zauberspruch ist eine sehr vielseitige Textsorte. Im narrativen Teil, der *historiola*, kann man Ähnlichkeit zum Volksmärchen und zur Legende, im beschwörenden Teil, der *incantatio*, lyrische Elemente finden. Dies ist auch nicht verwunderlich, da der Zauberspruch nicht nur geflüstert und geraunt, sondern auch gesungen werden konnte. Des Weiteren bestehen Ähnlichkeiten zu Gebrauchsanweisungen und zum Rezept. Der Grund für diese Vielfalt ist sicherlich die Fähigkeit des Zauberspruchs, zu variieren.

Des Weiteren sticht die Verschiedenheit des magischen Denkens zu modernen Sichtweisen hervor. Wenn man sich mit magischem Denken und den Grundmustern der Magie beschäftigt, offenbart sich rasch die Andersartigkeit des Denkens und Fühlens des archaischen Menschen.

Wenn man sich dieser Sichtweise wissenschaftlich nähert, darf man nicht von dem klischeehaften Bild der Magie, wie sie unter anderem in moderner Literatur oder in der Esoterik vermittelt wird, ausgehen. Man muss vielmehr die Epoche und die Lebenssituation der Menschen, die Magie wirkten, betrachten. Für diese bestand in ihrem Alltag keine Trennung „von Profanem und Heiligem.“[722] Es bestand eine starke Abhängigkeit

[722] Hartung: „Schriftlichkeit“, S. 111.

„vom Numinosen",[723] das sich unter anderem in der zyklischen Erneuerung der Natur zeigte. Der in der vorindustriellen Zeit lebende Mensch lebte in[724] und nicht außerhalb der Natur, die sich gnädig, aber auch als tödlich erweisen konnte. Ausbleibender Regen oder ein harter Winter konnten schnell das Leben eines Menschen beenden, sei es durch Hunger oder durch Erfrieren. Da die Natur in den Augen des magieausübenden Menschen beseelt war,[725] versuchte er mit Göttern oder Geistern zu kommunizieren[726] oder gar Einfluss auf sie auszuüben. Man kann also sagen, dass Magie der Versuch „des Menschen [ist], die Welt zu begreifen, sich ihrer zu bemächtigen und sie zu bewältigen."[727]

Demnach war das Denken des mittelalterlichen Menschen geprägt von Religiosität, aber auch von der magischen Weltsicht, die sich auch in einem ausgeprägten symbolischen Denken widerspiegelt.[728]

Doch nicht nur das magische Denken, sondern auch das christliche Denken ist unserer heutigen Gesellschaft fremd geworden. Noch fremdartiger erscheint dem modernen aufgeklärten Menschen das Denken der Germanen,[729] denn Europa wurde noch

[723] Hampp: *Beschwörung*, S. 11.

[724] Vgl. Bidlo: *Rastlose Zeiten*, S. 33.

[725] Vgl. Kap. 3.3.5.

[726] Vgl. von Matuschka: „Magie", Sp. 82.

[727] Hampp: *Beschwörung*, S. 14.

[728] Vgl. Kap. 3.

[729] Vgl. Kap. 6.2.

jahrhundertelang von christlichem Denken geprägt. Die althochdeutschen Zaubersprüche sind in einer Zeit entstanden, in der das Christentum auf dem europäischen Festland immer mehr an Boden gewonnen hat, während der polytheistische germanische Glaube immer mehr geschwunden ist.[730]

In Epochen des Übergangs kann es durchaus zu kulturellen und religiösen Mischformen kommen.[731] Die Frage, ob es in den althochdeutschen Zaubersprüchen zu Synkretismen, wie zum Beispiel in der *Edda*, gekommen ist, lässt sich deutlich verneinen.

Synkretismus bedeutet, dass eine Religion oder ein Kult eine Vermischung oder Verschmelzung mit Elementen anderer Religionen willentlich zulässt.[732] Das Christentum zeichnet sich aber durch das monotheistische Bekenntnis zu einem Gott aus und bezeichnet andere religiöse Betätigungen als Aberglauben.[733]

Aus diesen Gründen kann man die Bräuche der Landbevölkerung, die im *Indiculus Superstitionum Et Paganiarum* genannt werden, als Ausdruck einer synkretistischen Haltung deuten, da sie christliche Sitten und heidnische Bräuche nebeneinander durchführen. Auch der germanische Glaube war synkretistisch, da er ohne Probleme weitere Götter in sein Pantheon aufnehmen konnte[734]

---

730 Vgl. Kap. 10.

731 Vgl. von Padberg: *Christianisierung*, S. 39.

732 Vgl. Gschlössel: *Schmelztiegel*, S. 11.

733 Vgl. Kap. 10.

734 Vgl. von Padberg: *Christianisierung*, S. 39.

und sogar „Kombinationen von Odin und Christus“[735] denkbar waren. Die christlichen Zaubersprüche haben jedoch die heidnische Form übernommen, sie aber mit christlichem Denken gefüllt, sodass sie sich vom magischen Denken der Zaubersprüche entfernt haben. In diesem Fall kann man von *Akkommodation* sprechen,[736] aber keinesfalls von Synkretismen. Man kann sagen, dass es dem Christentum gelungen ist, durch die Einbindung universeller Symbole und Gebräuche eine durch das ganze Mittelalter hindurch erfolgreiche Religion zu werden, die an ihren monotheistischen Prinzipien festgehalten hat.

Dies hat zwei Seiten: Der Siegeszug des Christentums hat den Menschen im frühen Mittelalter sicherlich Vorteile verschafft. In religiöser Hinsicht, aber auch bei alltäglichen Nöten. Wenn man sich – gerade in einer Welt, in der das eigene Leben täglich in Frage gestellt wird – fragt, wie das Weiterleben nach dem Tod aussehen mag, so ist die Jenseitsvorstellung des Christentums weitaus angenehmer als die germanische Jenseitsvorstellung. Auch die hohe Bedeutung des sozialen Dienstes am Mitmenschen, die ja genuin christlich ist, hat das Leben der Schwächsten der Gesellschaft bestimmt erleichtert.

Auf der anderen Seite ist eine streng monotheistische Religion, die zudem einen Missionsauftrag hat, sehr intolerant. Die Menschen werden die rigorosen

[735] Ebd.

[736] Vgl. Kartschoke: *Geschichte Literatur*, S. 44.

Verbote ihrer alten Bräuche nicht verstanden haben und nicht wenige werden sich ihrer Identität beraubt gefühlt haben. Auch die Umdeutung des religiösen Vokabulars ist ethisch nicht einwandfrei. Sprache bedeutet Identität und eine Umdeutung wie der des Begriffs des *Heil* bedeutet immer eine Abwertung einer ganzen Kultur. Da vorchristliche Ethnien wie die Germanen nicht über eine alltägliche Schriftform verfügten, fehlen uns wichtige Quellen, die uns mehr über ihr Leben hätten erzählen können. Dies ist – vor allem aus wissenschaftlicher Sicht – mehr als bedauerlich.

Zum Glück wurden die Merseburger Zaubersprüche erhalten, die uns einen kleinen Einblick in die germanische Götterwelt gönnen und deren Erforschung sicherlich noch nicht beendet ist.

Literaturverzeichnis

Primärliteratur

Augustinus: *Der Gottesstaat*. Hg. v. Carl Johann Perl. Paderborn 1979.

Beda der Ehrwürdige: *Kirchengeschichte des englischen Volkes*. Hg. v. Günther Spitzbart. Darmstadt 1982.

Bonifatius: *Briefe des Bonifatius*. Nebst einigen zeitgenössischen Dokumenten. Hg. v. Reinhold Rau. Darmstadt 1968.

Braune, Wilhelm / Ebbinghaus, Ernst A.: *Althochdeutsches Lesebuch*. 17. Aufl. Tübingen 1994.

Caesar: *De bello Gallico*. Hg. v. Marieluise Deißmann. Stuttgart 1980.

Genzmer, Felix (Hg.): *Die Edda. Die wesentlichen Gesänge der altnordischen Götter- und Heldendichtung*. Düsseldorf 1964.

van Kirk Dobbie, Elliott (Hg.): *The Anglo-Saxon minor poems*. 3. Aufl. New York 1968.

Krause, Arnulf (Hg.): *Die Edda des Snorri Sturluson*. Stuttgart 2005.

— (Hg.): *Die Götterlieder der Älteren Edda*. Stuttgart 2006.

von Steinmeyer, Elias (Hg.): *Die kleineren althochdeutschen Sprachdenkmäler*. 3. Aufl. Berlin 1971.

Tacitus: *Germania*. Hg. v. Manfred Fuhrmann. Stuttgart 2009.

Sekundärliteratur

Angenendt, Arnold: *Heilige und Reliquien. Die Geschichte ihres Kultes vom frühen Christentum bis zur Gegenwart*. München 1994.

Auffarth, Christoph (Hg.): *Wörterbuch der Religionen*. Darmstadt 2006.

Augustyn, Prisca: *The semiotics of fate, death, and the soul in germananic culture: the Christianization of Old Saxon*. New York 2002.

Beck, Wolfgang: „birenkict – Zu einem Pferdefuß des Zweiten Merseburger Zauberspruchs". In: *Die Sprache* 40/41 (1998/1999). S. 89–103.

Beck, Wolfgang / Cottin, Markus: *Die Merseburger Zaubersprüche – Eine Einführung*. Hg. v. Vereinigte Domstifter zu Merseburg und Naumburg und des Kollegiatsstifts Zeitz. Petersberg 2010.

Bidlo, Oliver: *Rastlose Zeiten. Die Beschleunigung des Alltags*. Essen 2009.

Birkhan, Helmut: *Magie im Mittelalter*. München 2010.

de Boor, Helmut: *Geschichte der deutschen Literatur. Von Karl dem Großen bis zu Beginn der höfischen Dichtung*. 8. Aufl. 6 Bde. Bd. 1. München 1971.

Buschan, Georg: *Über Medizinzauber und Heilkunst im Leben der Völker. Geschichte der Urheilkunde, ihrer Entwicklung und Ausstrahlung bis in die Gegenwart*. Berlin 1941.

Cassirer, Ernst: *Wesen und Wirkung des Symbolbegriffs*. 4. unveränd. Aufl. Darmstadt 1969.

Classen, Albrecht: „Zaubersprüche, Beschwörungen und andere Formen des ‚Aberglaubens': Kulturhistorische Betrachtungen für den Literatur- und Sprachunterricht".

In: *Die Unterrichtspraxis – teaching German* 29/2 (1996). S. 231–239.

Dinzelbacher, Peter: *Angst im Mittelalter. Teufels-, Todes- und Gotteserfahrung: Mentalitätsgeschichte und Ikonographie.* Paderborn 1996.

— „Heiligkeit als historische Variable". In: Peter Dinzelbacher / Dieter R. Bauer (Hg.): *Heiligenverehrung in Geschichte und Gegenwart.* Ostfildern 1990. S. 10–18.

Dreyer-Eimbcke, Erika: *Alte Straßen im Herzen Europas.* Frankfurt am Main 1989.

Düwel, Klaus: *Runenkunde.* Stuttgart 1968.

von Eichendorff, Joseph: *Werke.* Hg. v. Wolfgang Frühwald. 6 Bde. Bd. 1. Frankfurt am Main 1987.

Eliade, Mircea: *Die Religionen und das Heilige.* Darmstadt 1976.

— *Geschichte der religiösen Ideen.* 4 Bde. Bd. 2. Freiburg 1979.

— *Heiliges und Profanes.* Hamburg 1957.

— *Mythen, Träume und Mysterien.* Salzburg 1961.

Emrich, Ulrike (Hg.): Der Brockhaus. *Religionen – Glauben, Riten, Heilige.* 2. überarb. u. aktual. Aufl. Mannheim 2007.

Foucault, Michel: *Die Ordnung der Dinge.* Frankfurt am Main 1971.

Frazer, James George: „The Magic Art and the Evolution of Kings". In: *The Golden Bough.* Bd. 1. 3. Aufl. London 1911.

Frischbier, Hermann: *Hexenspruch und Zauberbann. Ein Beitrag zur Geschichte des Aberglaubens in der Provinz Preußen.* Berlin 1870.

Fuß, Martin: *Die religiöse Lexik des Althochdeutschen und Altsächsischen.* Frankfurt am Main 2000.

Gadamer, Hans-Georg: *Die Aktualität des Schönen.* Stuttgart 2006.

Genzmer, Felix: „Germanische Zaubersprüche". In: *Germanisch-romanische Monatsschrift* 1/32 (1950/51). S. 21–34.

Gleba, Gudrun: *Klosterleben im Mittelalter*. Darmstadt 2004.

Goetz, Hans-Werner: „Der ‚rechte' Sitz. Die Symbolik von Rang und Herrschaft im Hohen Mittelalter im Spiegel der Sitzordnung". In: Gertrud Blaschitz u. a. (Hg.): *Symbole des Alltags, Alltag der Symbole.* Graz 1992. S. 11–49.

Brüder Grimm: *Kinder- und Hausmärchen.* Hg. v. Heinz Rölleke. 3 Bde. Bd. 1. Stuttgart 2001.

Grimm, Jakob: *Kleinere Schriften II – Abhandlungen zur Mythologie und Sittenkunde*. Hildesheim 1965.

Grönbech, Wilhelm: *Kultur und Religion der Germanen.* Darmstadt 1961.

Gschlössel, Roland: *Im Schmelztiegel der Religionen. Göttertausch bei Kelten, Römern und Germanen*. Mainz am Rhein 2006.

Guenther, Mathias G.: „Buschmänner". In: Klaus E. Müller (Hg.): *Menschenbilder früher Gesellschaften.* Frankfurt u. New York 1983. S. 75–108.

Güntert, Hermann: *Altgermanischer Glaube nach Wesen und Grundlage.* Heidelberg 1937.

Haeseli, Christa M.: *Magische Performativität. Althochdeutsche Zaubersprüche in ihrem Überlieferungskontext.* Würzburg 2011.

Hampp, Irmgard: *Beschwörung, Segen und Gebet.* Stuttgart 1961.

Handwörterbuch des deutschen Aberglaubens. Hg. v. Hanns Bächthold-Stäubli. 10 Bde. Berlin 1987.

Harmening, Dieter: *Superstitio. Überlieferungs- und theoriegeschichtliche Untersuchungen zur kirchlich-theologischen Aberglaubensliteratur des Mittelalters*. Berlin 1979.

Hartmann, Wilfried (Hg.): *Geschichte in Quellen und Darstellung Band 1 – Frühes und hohes Mittelalter 750–1250*. Stuttgart 1995.

Hartung, Wolfgang: „Die Magie des Geschriebenen". In: Ursula Schaefer (Hg.): *Schriftlichkeit im frühen Mittelalter.* Tübingen 1993. S. 109–126.

Hasenfratz, Hans-Peter: *Die religiöse Welt der Germanen.* Freiburg 1992.

Helm, Karl: *Altgermanische Religionsgeschichte.* 2 Bde. Bd. 2. Heidelberg 1937.

Horkheimer, Max / Adorno, Theodor W.: *Die Dialektik der Aufklärung.* Frankfurt am Main 1969.

Höfler, Otto: *Germanisches Sakralkönigtum.* Tübingen 1952.

Jaenecke-Nickel, Johanna: „Zauberspruch. Eine Einführung". In: Hermann Strobach (Hg.): *Deutsche Volksdichtung.* Stuttgart 1987. S. 195–220.

Kartschoke, Dieter: *Geschichte der deutschen Literatur im frühen Mittelalter.* Hg. v. Dieter Kartschoke / Joachim Bumke. München 1990.

Käser, Lothar: *Animismus – Einführung in seine begrifflichen Grundlagen.* Bad Liebenzell 2004.

Lanczkowski, Günther: „Heiligenverehrung in nichtchristlichen Religionen". In: Peter Dinzelbacher / Dieter R. Bauer (Hg.): *Heiligenverehrung in Geschichte und Gegenwart.* Ostfildern 1990. S. 18–26.

Lecouteux, Claude: *Geschichte der Gespenster und Wiedergänger im Mittelalter.* Köln 1987.

Lexikon des Mittelalters. Hg. v. Norbert Angermann / Robert-Henri Bautier. 9 Bde. Stuttgart 2009.

Malinowski, Bronislaw: *Magie, Wissenschaft und Religion.* Frankfurt am Main 1973.

Masser, Achim: „Zum Zweiten Merseburger Zauberspruch". In: *Beiträge zur Geschichte der Deutschen Sprache und Literatur* 94 (1972). S. 17–25.

Maul, Stefan M.: *Zukunftsbewältigung – Eine Untersuchung altorientalischen Denkens anhand der babylonisch-assyrischen Löserituale.* Mainz 1994.

Müller, Stephan (Hg.): *Althochdeutsche Literatur – Eine kommentierte Anthologie.* Stuttgart 2007.

Murdoch, Brian: „Drohtin, uuerthe so! – Funktionsweisen der althochdeutschen Zaubersprüche". In: *Literaturwissenschaftliches Jahrbuch* 32 (1991). S. 11–37.

Naiditch, Larissa E.: „Zur Sprach- und Erzählstruktur der deutschen Zaubersprüche". In: *Interdisciplinary journal for German linguistics and semiotic analysis* 8 (2003), H. 2. S. 167–190.

Nebel, Gerhard: *Die Not der Götter*. Hamburg 1957.

Neiske, Franz: *Europa im frühen Mittelalter.* Darmstadt 2007.

Oehler, K.: „Die Aktualität der antiken Semiotik". In: *Semiotik* (1982), H. 4. S. 215–219.

Ohrt, Ferdinand: „Über Alter und Ursprung der Begegnungssegen". In: *Hessische Blätter für Volkskunde* (1936), H. 35. S. 49–58.

von Padberg, Lutz: *Die Christianisierung Europas im Mittelalter.* Stuttgart 1998.

Pannenberg, Wolfhart: *Christentum und Mythos. Späthorizonte des Mythos in biblischer und christlicher Überlieferung.* Gütersloh 1972.

Reallexikon der germanischen Altertumskunde. Hg. v. Heinrich Beck u. a. 2., völlig neu bearb. und stark erw. Aufl. 35 Bde. Berlin u. New York 2000.

Riché, Pierre: *Die Welt der Karolinger.* 3. Aufl. Stuttgart 2009.

Rosenfeld, Hellmut: „Phol ende Wuodan vuorun zi holza – Baldermythe oder Fohlenzauber?" In: *Beiträge zur Geschichte der Deutschen Sprache und Literatur* 95 (1973). S. 1–12.

Scharfe, Martin: Über die Religion. Köln 2004.

Schell, Otto: „Bergische Zauberformeln". In: *Zeitschrift des Vereins für rheinische und westfälische Volkskunde* 16 (1906). S. 170–176.

van Scheltema, Frederik Adama: *Die geistige Wiederholung.* Leipzig 1937.

Schmidt, Wilhelm: *Die Geschichte der deutschen Sprache – ein Lehrbuch für das germanistische Studium.* 10., verb. u. erw. Aufl. Stuttgart 2007.

Schmitt, Jean-Claude: *Heidenspaß und Höllenangst – Aberglaube im Mittelalter.* Frankfurt am Main 1993.

Schmitz, Walter: „Mobilität des Menschen". In: Karl-Siegbert Rehberg u. a. (Hg.): *Mobilität – Raum – Kultur. Erfahrungswandel vom Mittelalter bis zur Gegenwart.* Dresden 2005. S. 1–22.

Schreiber, Hermann: *Wie die Deutschen Christen wurden.* Bergisch Gladbach 1984.

Schröder, Ingrid: „Niederdeutsche Zaubersprüche. Konstanz und Variation." In: Peter Wagener (Hg.): *Festsschrift für Diether Stellmacher zum 60. Geburtstag. Zeitschrift für Dialektologie und Linguistik.* (1999), H. 105. S. 81–92.

Schulte, Klaus: *Von frommen Wörtern und frühen Göttern.* Stuttgart 1993.

Schulz, Monika: *Beschwörungen im Mittelalter – Einführung und Überblick.* Heidelberg 2003.

— *Magie oder die Wiederherstellung der Ordnung.* Frankfurt am Main 2000.

Schumacher, Meinolf: „Geschichtenerzähler – Die Merseburger Zaubersprüche oder die Funktion der historiola im magischen Ritual". In: *Erzählte Welt – Welt des Erzählens.* Hg. v. Rüdiger Zymner. Köln 2000. S. 201–215.

Semmler, Josef: „Der Wald". In: ders. (Hg.): *Der Wald in Mittelalter und Renaissance.* Düsseldorf 1991. S. 7–15.

Simek, Rudolf: *Götter und Kulte der Germanen.* 3. Aufl. München 2009.

— *Lexikon der germanischen Mythologie.* 3. Aufl. Stuttgart 2006.

— *Religion der Germanen.* Darmstadt 2003.

Sonderegger, Stefan: *Althochdeutsche Sprache und Literatur.* 3. Aufl. Berlin 1984.

Weinreich, Otto: „Unheilbannung im volkstümlichen Gebet, Segen und Zauberspruch". In: *Universitas* (1946), H. 1. S. 275–299.

Willis, Roy (Hg.): *Mythologie.* Köln 2006.

Index

Die Autorin

Mirja Dahlmann studierte Germanistik, Geschichte und neuere deutsche Literaturgeschichte an der Bergischen Universität Wuppertal.

Besonders fasziniert ist die Mediävistin von der Zeit des frühen Mittelalters sowie von der Geschichte Skandinaviens. Die Autorin lebt mit ihrem Mann und drei verhaltensauffälligen Katzen in Wuppertal und ist seit mehreren Jahren als freie Journalistin für szenerelevante Magazine wie das *Miroque*-Magazin oder den *Sonic Seducer* tätig.